赤毛のエイリークの末裔たち
―米大陸のアイスランド人入植者―

エルヴァ・スィムンズソン著
山元 正憲 訳
プレスポート・北欧文化通信社
1000点 世界文学大系（北欧篇 7）

Elva Simundsson:

Icelandic Settlers in America,

illustrated by Nelson Gerrard,

published 1981

by Queenston House,

Winnipeg, Canada.

This Japanese version is published with the kind permission and special arrangement of the author and all concerned.

訳者まえがき

　アイスランドは氷河と火山の国である。北海道よりやや広い国土に八七〇年ごろノルウェーのヴァイキングが植民して、黄金時代を築き、高度の文化と自由を謳歌していた。しかし一三八〇年デンマーク王の軍門に降ってからは暗黒時代を迎える。

　アイスランドの歴史上最も気が滅入る時期は十八‐十九世紀で、生活は物質的には向上していたものの、人々はなお屋根を芝生で葺いた住居で暮らしていた。一七〇七年の天然痘の蔓延で人口の三分の一を失い、一七八三‐八四年のラキ火山の大噴火では九千人の死者が出た。一八五七‐六〇年の伝染病により二十万頭の羊の命が奪われ、北極の氷は一度ならず夏を冬に変えた。紀元千年祭の翌一八七五年の北東の火山群の爆発は家々を倒壊させ、大空を黒灰で覆い尽くした。

　英領北アメリカ法が発効し、カナダ連邦が成立した十九世紀半ば、多くのアイスランド人がカナダや米国に開拓者として移住した。本書はおよそ千年前アイスランドから北米探検を試みたヴァイキングの末裔たちが近代になって米大陸へ入植し、いにしえの『植民の書』を地で行き、その地に新しいコミュニティづくりをおこなう移民の物語である。

　本書の日本語訳を許可された原著者 E. スィムンズソン（E.Simundsson）女史及び出版を快諾されたプレスポートの横山民司氏には感謝の念にたえない。訳了して数年を経ていた拙稿がこのたび上梓のはこびとなった僥倖に訳者は

随喜している。横山氏のご尽力がなければ草稿は永遠に眠ったままだったろう。

追って、

Elva Simundsson: Icelandic Settlers in America, illustrated by Nelson Gerrard, published 1981 by Queenston House, Winnipeg, Canada の日本語版を出版するに当たって、アイスランドという国にあまり深い造詣を持たないであろう日本人読者一般のことを考慮して、第一章はほぼ原著者が、第二章は原著者の同意の上ほぼ訳者がもっぱら本書の日本語版用として、急遽加筆したものであることもここに付記しておく。

 2012年7月10日   山元　正憲

原著者謝辞

　本書はカナダ政府の多文化計画資金援助により上梓されたものであり、出版援助助成金を下賜されたマニトバ芸術協議会とカナダ・カウンスルに対しても大いなる感謝の意を表します。

　著者はこのプロジェクトの実現を可能ならしめたカナダ政府の多文化主義計画による資金援助ならびにこのプロジェクトの執行に対してアイスランド・ナショナルリーグのグードニ・クロンショー氏とギムリ支部に謝意を表明するものです。また資料をタイプする労をとっていただいたジョスリン・バーロー女史にも敬意を表します。さらに下に掲げる人々のご厚情に対しても深く感謝いたします。

　ネルソン・ジェラード、クリスティーヌ・クリストファーソン、エルラ・ヨナスソン、アルマ・オラフソン、ジャック・レイフソン、マーガレット・スィムンズソン、グンナル・スィムンズソン、シグルビョルグ・ステファンソン、スヴァーヴァ・スィムンズソン、ヘルガ・ヤコブソン

目　次

訳者まえがき ……………………………… 5

原著者謝辞 ………………………………… 7

第一章　アイスランドの起こり
―インゴウルヴル・アルナルソン― ………13

第二章　赤毛のエイリークのサガ（物語）……17

第三章　米大陸のアイスランド人入植者 ……22

　ユタのアイスランド人 …………………23

　ディズリクソンのアイスランドからユタまでの旅 ……27

　ブラジルの最初のアイスランド人 ………33

　ブラジルへの移住 ………………………36

　カナダへの移民 …………………………39

　キンマウント ……………………………42

　ジョン・テイラー ………………………45

　理想の入植移住地 ………………………50

　ニューアイスランドへの移動計画 ………52

　ニューアイスランドへの道中で …………56

　ギムリ上陸 ………………………………61

　はじめての狩猟と漁労 …………………64

　ギムリでの最初の冬 ……………………66

　ギムリの教育 ……………………………69

　アイスランド・リヴァーの開拓入植地 ……72

　アイスランド・リヴァーでの最初の年 ……76

ランディでの教育	78
大グループ	81
開拓道路	83
ヘクラ島	85
ニューアイスランドの初期の政府	87
天然痘	91
ニューアイスランドの郵便	95
ダフェリン卿の訪問	99
ジョン・ラムゼイ	103
ベティ・ラムゼイの墓	106
入植地の牧師たち	111
ニューアイスランドの宗教論争	114
フラムファーリ	119
スィグトリュッギュル・ヨウナスソン	123
ニューアイスランドでの恵まれた生活	127
燃えた投票用紙	129
ノースダコタのアイスランド人入植地	133
ノースダコタ開拓移民	138
アーガイル地区	142
マニトバ湖岸のアイスランド人開拓入植地	145
ランダルの初期開拓者の生活	149
ウィニペグ湖とマニトバ湖の漁業	151
サスカチュワンのアイスランド人	155
サスカチュワンの一少女の思い出	158

ゲイシル入植	161
アルボルグの学校	167
田舎の一教室学校	170
アイスランド系カナダ人の民話二つ	172
スコッタ	172
ソルゲイルの雄牛	174
ヴァイキングの北米への航海	176
ビャルニ・ヘルヨールヴソン	176
幸運児レイヴ	178
ソルヴァルド・エイリークスソンのサガ	180
ソルヴィン・カルルセヴニのサガ	181
訳者あとがき	184

第 一 章
アイスランドの起こり
―インゴウルヴル・アルナルソン―

　大西洋の海底には南から北へ向かって走る地質学上の亀裂がある。この亀裂は大西洋中央海溝と呼ばれている。この海溝は地質学上ヨーロッパ大陸と北米大陸の分岐線である。この海溝はただ一ヵ所を除いて海底奥深くで連なっている。その除外される一ヵ所がアイスランドである。

　アイスランドは北大西洋上の一つの島である。地球の切れ目で生ずる圧力のせいで、地底の溶岩が海溝の切れ目から押し出されてくる。この溶岩は周期的に火山の爆発となって押し出される。その結果、この北大西洋上の島が形成された。地球上の他の地域の陸地と比較して、このアイスランドは人類の居住する地域としては最も新しい陸地である。そんなわけでここには今日なお多くの活火山や間欠泉や温泉や地下温水湖がある。

　アイスランドの歴史は通常の欧州史の基準に照らし合わせても決して古くはない。史書によれば、ギリシャの植民都市であったマッシリア（現在のマルセーユ）共和国の航海者ピュテアスは紀元前三二五年ごろ探検航海に出かけ、スコットランド北端から北方に六日間を要した無人島を「ウルティマ・チューレ」（人間の住む極北の地）と呼んだ。これがアイスランド最古の記述であるが、これはアレクサ

ンダー大王の時代に遡る。

　アイスランドはまた地球上で人類が定住するようになった最も新しい地域でもある。九世紀から十世紀にかけてノルウェーとスウェーデンは政治的に不安定な時代が続いていた。多くの群小族長たちが敵対する王や族長の支配に従属することを嫌って、郷里を去ることを選択した。彼らは北の海のかなたのこの無人島の話を聞き、そこに移り住んで、平穏の生活を送ろうと考えた。

　その他にも、主としてこれ以前にシェットランドやスコットランドのオークニー諸島やアイルランドに移り住んだ北欧の族長たちの血縁者もアイスランドへの移住を決意した。アイスランドはまた北欧のヴァイキングの定住地ともなった。ヴァイキングはその際、多数の妻子や下僕や農奴の類を同道させたが、それら従僕たちはそもそもアイルランド系ないしはスコットランド系のケルト人であった（現在、フェロー諸島はデンマーク領であるが、シェットランド諸島はイギリス領で、オークニー諸島とともにスコットランド議会に議員が参加している―訳者注）。

　北欧の海賊をヴァイキング（viking＝ヴィーキング）という。ヴァイキングは紀元八世紀末から破壊と殺戮を西欧に招来し、恐怖を撒き散らした襲撃・掠奪者でもあった。北極圏に接するチューレの西フィヨルドに九世紀半ばノルウェー系ヴァイキングのフロウキが定住を試みて厳しい冬に阻まれる。そのとき見晴るかす雪の吹き溜まりをイー

スランドísland（氷の国）と呼んだことにアイスランド（Iceland）という国名が由来するという。

ノルウェー人インゴウルヴル・アルナルソン（Ingólfr Arnarson）はアイスランドに渡航して、定住した最初のヴァイキングといわれている。インゴウルヴル・アルナルソンは出発に先立って、オーディン、トール、フレイル、フレイヤなどの北欧の神々に祈りを捧げ、旅の無事を祈願し、神木を用意して、これにルーン文字の呪文を刻み（ルーン文字＝古代・中世にスカンジナヴィアやブリテン島で用いられた十六文字の表音文字—訳者注）、やがて地平線上にアイスランドの島を見出すと、神木を船より海中に投じ、神木の流れつくところを上陸地点と定めた。神木は一行を今日アイスランドの首都レイキャヴィークの存する内湾に導いたのであった。

島は内部が巨大な氷河や深い渓谷におおわれ、山々の合間からは大きな河川が海岸に向かって流れ出ていた。島の内部には火山や巨大氷河が果てしなく続いているので、一行は海岸地帯に農場を開墾せざるを得なかった。

アイスランドに定住を図ったヴァイキングの首長たちはもっぱら島の周縁地域に農園社会を開拓し、家畜は羊、牛、馬に限られていた。農園ではほとんどすべて自給自足の生活を送り、食料も衣類も家屋も土と家畜の毛皮を素材としてつくられた。

植民が一段落すると住民の間で土地をめぐる争いが頻発するようになった。その問題解決のため、九三〇年全島民がレイキャヴィークから約五十キロ東のスィングヴェトリル平原に集合し、今日の国会に発展する「アルシング」（Alþing）という全島民の青空集会を開いた。そこは流れ出た溶岩塊が天然の円形舞台を形成し、背後の大きな岩盤が拡声器の働きをして、発話者の声が会場の隅々まで響き渡った。

　アイスランドは歴史上、王も女王もいただくことなく、世界最初の議会を誕生させた。しかし十四世紀にはデンマーク王の支配下に入り、アイスランド共和国は崩壊することとなった。

第 二 章
赤毛のエイリークのサガ（物語）

アイスランド西部のキリスト教司祭アリ・ソルギルソン（1068-1148）の著した『アイスランド人の書』は八七〇年の植民の始まりから一一二〇年までのこの国の歴史を客観的且つ簡潔に叙述している。

　この史書によるとアイスランド最初の植民者は八七四年のインゴウルヴル・アルナルソン（前述）であった。群雄割拠の時代にあったノルウェー南東部をハラルド美髪王が統一し、その統治に服することを潔よしとしなかった豪族たちは海外でのヴァイキング活動を余儀なくされる。

　インゴウルヴル・アルナルソンはハラルド王の圧政を逃れて、当時発見間もないアイスランドに理想社会を築くべく、一族郎党を引き連れて「煙の立つ入江」という意味の、今日の首都レイキャヴィークへ向けて旅立った。高貴な身分の首長や地方の名家の出の者も入植者として渡島し、その数は約四〇〇家族・一万人余りにも及んだという。ヴァイキング活動は八世紀末から十一世紀中葉にかけて隆盛であり、アイスランドへの植民は八七〇－九三〇年の六十年間でほぼ終了した。

　『アイスランド人の書』には赤毛のエイリーク（Eiríkr rauði）と呼ばれる男が現在はデンマーク領で、世界第一の面積をもつ島グリーンランドを発見したことも記述されている。この男は植民した土地が魅力的な名前であれば人々はそこへ喜んで行き来するようになるだろうと考えて、ここを「グリーンランド」（緑の島）と命名した。植

民が始まったのはアイスランドにキリスト教が伝わったときより十四、五年前のことで、アイスランド人がそれまで信じていた北欧の神々を見限り、キリスト教を受容したのはキリスト生誕から千年後のことである。

　ヴァイキング時代はサガの時代とも呼ばれる。サガ(saga)は一般的には散文作品をいうが、特に中世アイスランドの散文物語を意味することが多い。多様多種なサガ作品中『赤毛のエイリークのサガ (Eiríks saga rauða)』は紀元千年頃北欧ヴァイキングがアイスランドとグリーンランドから、大西洋を横断して北米まで探検航海をし、そこに住む先住民と遭遇したことを叙述した船旅譚で、残存する北米に関する最古の記録でもある。

　グリーンランド (Grønland) は南西部のごく狭い地域以外の全島が雪と氷河で覆われている。現在はデンマーク領で、旧名ゴットホープ (Godthåb)］から変更されたヌーク(Nuuk)が中心都市である。『アイスランド人の書』は「グリーンランド植民」と後述の「ヴィーンランド発見」について、つぎのように叙述している。
「グリーンランドと呼ばれる土地はアイスランド人によって発見され、植民されたのである。ブレイザフィヨルド出身の赤毛のエイリークと呼ばれる男がアイスランドからその地へ渡り、土地を占取した。それ以来、その場所はエイリークスフィヨルドと呼ばれている。彼らはこの地の東方と西方の両方に人間の住居や革製ボート［カヤック］の破片と石器製作の鍛冶場を発見した。それゆえヴィーン

ランドの先住民がグリーンランドにも移動して住んでいたことがわかるのである。この土地に植民が始まったのはアイスランドにキリスト教が伝わった西暦一〇〇〇年ころより十四、五年前のことである」

グリーンランドの植民についてはアリ・ソルギルスソンの著書だけでなく、『赤毛のエイリークのサガ』と『グリーンランド人の話』にも記載されている。アイスランド西部のブレイザフィヨルド出身のエイリークは髪が赤かったため「赤毛のエイリーク（Eiríkr rauði」と渾名で呼ばれた。

赤毛のエイリークの息子レイヴはノルウェーのハラルド美髪王の孫オーラブ・トリュグヴァソンに仕えていたが、グリーンランドにキリスト教を伝えるようにとの王命を帯びて、ノルウェーからグリーンランドに向かう途中、嵐にあって、船が思いもかけず未知の土地に漂着する。その地には葡萄が自生していたことから、ここを「ヴィーンランド」と命名した。ヴィーンランドは「ブドウが豊かに実る地」の意で、カナダのニューファウンドランドから米国のニューイングランドにかけての北米海岸の一地域とされる。そのあとレイヴとは縁戚の商人ソルヴィン・カルルセヴニがヴィーンランド行を果し、スクレーリンギャル（Skrælingar）と呼ばれる先住民と邂逅（かいこう）している。

一九六一年ノルウェーのイングスタド博士夫妻がニューファンドランドの荒野が広がるランス・オ・メドーズに十一世紀の北欧人の共同住居跡を発見した。アイスランド

やグリーンランドからヴィーンランドまで三千キロの航海をしたヴァイキングは少なくとも一万二千年前ユーラシアからベーリング海峡を越えて、北米に渡り、そこで暮らしてきた子孫と五〇〇世代を経て出合ったのである。これはコロンブスの西インド諸島発見に先立つこと約五〇〇年前。その後ポルトガル人やスペイン人をはじめとする探検家たちの新航路や新大陸発見の大航海時代を迎えることになる。

第 三 章
米大陸のアイスランド人

ユタのアイスランド人

アイスランド人がはじめて北米に移住し、永住する家を築いたところは米国のユタであった。一八五六年のことである。

これより先、一八四七年にモルモン教を信ずる人たちがユタに移り住んでいたが、これらのモルモン教徒は他所との連絡が絶たれていた。というのは隣村との間には、一番近いところでも、約一三〇〇キロにもおよぶ荒野が広がっていたからである。人口がもっと増えないと、入植移住地としてやっていけなくなることがわかっていたので、モルモン教徒はもっと多くの人をこの地へ呼びよせて、住んでもらうキャンペーンを始めた。そのため世界各地に宣教師を派遣して、より多くの人をモルモン教徒に改宗する努力を始めた。

一八五〇年、二人のアイスランド人学生がデンマークで、ユタからやってきたモルモン教の宣教師数名と出会った。二人の学生はモルモン教徒となっただけでなく、アイスランドのヴェストマンナ島にある故郷の村で宣教師になったのである。この島の二、三家族がモルモン教徒となってからほどなく、ユタに向けて故郷を後にした。やがてさらに数家族がそのあとに続いた。

アイスランド人がはじめてユタを目指して旅にでたのは一八五五年のことであった。つらい長旅であった。

一八五六年にユタに到着すると、スパニッシュ・フォークという町に入植した。一八六〇年までに十六人のアイスランド人がユタに移住した。北米にはじめてアイスランド人の入植開拓地を切り開いたのはこの人たちであった。

最初の入植者たちは家族の住む家を築くために精一杯働いた。自作農場（カナダで入植者に与えられた、一戸あたり〇・六平方キロの土地―訳者注）を手に入れたものも多数いたが、きちんとした家を建てるには時間も金も持ち合わせなかった。そこで地下室を掘り、とはいえ、実際は地面を掘って作った穴倉といった程度で、家族はこのような粗末なところに仮住まいをしたのであった。スパニッシュ・フォークは農業に適した肥沃な土地であったので、アイスランド人たちはほとんど全員がここに入植した。スパニッシュ・フォークの町は盆地であって、農場がこの町を取り巻くような格好で展開していた。人々は町中で生活し、農夫は毎日、町はずれの農場に出かけたのであった。

ほどなく、アイスランド人たちは新しい家を建て、隣人の言葉と慣習を習い始めた。ユタのアイスランド人はモルモン教徒であったが、モルモン教徒の戒律によれば、男性は養っていく余裕さえあれば、何人でも帯妻することが奨励されていた。アイスランド人の多くがこの慣習に従い、この戒律が変更されるまでは、たいていの男性には三、四人の妻がいたものだった。

ユタ州

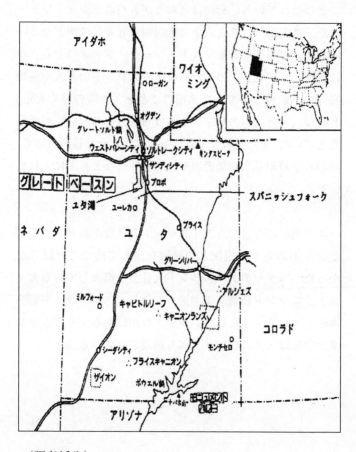

(訳者挿入)

引き続きこの地区に別の家族が移住してきて、一八九二年までにユタにはアイスランド人七十五家族が住んでいたことになっている。そのほとんどがスパニッシュ・フォークか、ユタ州（一八九六年に米国四十五番目の州となる―訳者注）の州都であるソルト・レーク・シティのどちらかに居住していた。この人たちはアイスランドの友人や親類宛ての手紙のなかで、ユタ州のことを「太陽の輝く大地」と呼び、自分たちの新宗教のすばらしさをおおいに褒めたたえていた。また勤勉な労働にたいする十分な報酬を得て、緑の牧草地や見事な果樹園や快適な住居なども手に入れていた。

ユタ州には今日でもアイスランド人社会があり、アイスランド系の人々は祖国との接触を決して断つことはしなかった。ユタ州のアイスランド人社会を構成している人々はアイスランド語講座を開講し、毎年、アイスランド祭を開催している。さらにユタ州のプロボにあるブリガムヤング大学にはアイスランド文庫も創設されている。

ディズリクスソンのアイスランドからユタまでの旅

ユタまで一年にわたる長旅をした最初のアイスランド人の一人にソルズュル・ディズリクスソンという名の男がいた。ソルズュルの最初の旅程はアイスランドからデンマークのコペンハーゲンまでであった。ここでソルズュルは他のアイスランド人とともに、ユタに移住予定のデンマーク人グループと出会う。一八五五年十二月、アイスランド人とデンマーク人は一緒にまずイギリスのリヴァプールに渡り、一八五六年の新年が明けると、アメリカに向けて出発した。

大西洋横断の旅では船がずいぶん揺れて、乗船している人はみな大変気分が悪くなった。ひどい船酔いのために、死んだほうがましだと思ったのはソルズュルだけではなかった。出航後二週間目にニューヨーク港に到着したとき、乗客のうち五十人が落命していた。

ソルズュルら移民仲間はニューヨークを発ち、ミズーリ州（一八二一年米国の二十四番目の州となる。―訳者注）のセントルイスからそれほど遠くないオールトンまで列車で移動し、ここで働きながら二、三か月を過ごした。六月末にモルモン協会の長老がやってきて、モルモン教徒によるユタの開拓中心地であるソルト・レーク・シティへ案内するといわれた。まず、蒸気船でミズーリ川を遡って、ネブラスカのオマハまで行き、そののち荷車を引きながら、徒歩で荒野を横切り、ソルト・レーク・シティ

(訳者挿入)

に至るという二段階の旅となった。オマハまでの六五〇キロの旅には九日間を要したが、ここで三週間を過ごし、準備を整えて、残りの行程の旅にでた。オマハでユタにあるモルモン教徒の開拓入植地へ行く予定の別のグループと合流し、全員で二二〇名となった。一行は数張りのテント、数台の荷車、十六組の去勢牛、数台の幌つき荷車、三十頭の牝牛をひきつれて、荒野を横切り、山を越えて、一三〇〇キロを越える大移動を開始した。

　一行は八月初旬に出発した。グループにいた子供三十人のうち、自足歩行の可能な年齢に達した子供たちは自分で歩かなければならなかった。子供たちは毎朝早く、牛に荷車を引かせて出かける大人たちよりも先に送り出されたが、その日のうちに、たちまち大人たちに追いつかれてしまうのであった。五つ、六つの子供たちはすぐ疲れてしまった。しかし、ぐずぐずして遅れようものなら、鞭でせきたてられるのであった。わが子に鞭をふるうのは誰しも嫌いであったが、子供たちが荒野に取り残されることは確実に死を意味するので、それを防ぐにはこうするよりほか仕方がなかった。

　荷車一台を扱うには大人三、四人が必要であった。体の弱ったごく少数の大人と幼い子供しか牛の引く幌つき荷車に乗ることは許されなかった。

ミズーリ州

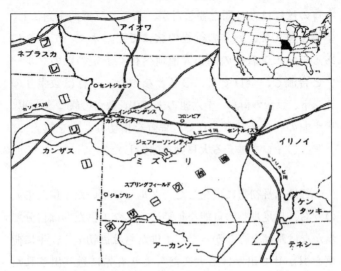

ネブラスカ州

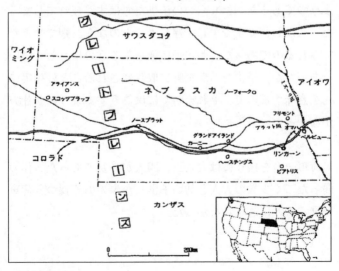

(訳者挿入)

まだわずか一〇〇キロしか旅をしていないのに、みんな旅の厳しさを実感し始めていた。食料も決して十分とはいえず、わずかばかりの食べ物をめぐって争うような始末であった。土曜日には三十頭いた牛の一頭を殺し、これで全員の一週間分の食事を賄った。週に一頭の牛では一人あたりたいした肉とはいえず、一家の大部分は肉のついた骨で我慢せざるをえないことがしばしばであった。

　ソルズュルは一組の夫婦とそのほか女の子一人に荷車を引っぱってもらいながら出発したが、まもなく夫婦は病気になり、やがて女の子もほかの人の手伝いに回されてしまい、従って、残り一〇〇〇キロはソルズュルが自分一人で荷車を引いていくことになった。

　三か月間かけて、丘、谷間、山、草地、砂地、岩山、川を越える旅を終え、一行はどうやらみな無事にソルト・レーク・シティに辿り着いた。空腹で、疲れきっていたが、長旅のつらい体験も終ってみると、懐かしく思われたのであった。ソルズュルはソルト・レーク・シティで一週間を過ごし、そのあとプロボに移動して、その地の農場に定住した。仕事は成功し、ソルズュルは尊敬されるモルモン教徒の一人となった。

(訳者挿入)

ブラジルの最初のアイスランド人

　一八五七年のアイスランドは冬が長くて厳しかった。冬が過ぎると、人々はもっと快適な気候に恵まれた国への移住を考えるようになっていた。シンゲイ地区の農夫たちのなかには集会を開いて、祖先のヴァイキングたちと同じように、グリーンランドへの移動の是非を論ずる者がでてきた。しかし、ひょっとしたら、ブラジルの方が移住に適しているのではないだろうかと指摘した者が一人いた。グリーンランドだったら、気候も土地もアイスランドと似かよっているだろうとその男はいい、ならばそんなところへ行っても、これまでより有利にはたらくことはあまりないであろう。それよりも南アメリカならば温暖な気候で、野原には草や果実や野菜が自生して育っているだろうから、どうみても、グリーンランドよりもブラジルの方に勝算がありそうであった。

　シンゲイ地区の住民はその年いっぱいと翌年の冬、移住について語りあい、グループで移住するときの計画を明確に立てることになった。ブラジル移住の考えをはじめて提案した男はその利点をたくさん列挙した、いいことずくめのパンフレットまで用意した。

　クリストヤン・イスフェルトと名のる若者がブラジルへの移住を決意した最初のアイスランド人であった。一八六〇年のことであった。まず、デンマークのコペンハーゲンに移り、そこで三年間を過ごし、大工仕事を学んだ。

ブラジルへの旅を始めたのは一八六三年のことであった。デンマークからドイツのキールに行き、その後、列車でハンブルグへ向かった。そこからクリストヤン・イスフェルトはさらに船でイギリスに渡った。

クリストヤンのイギリス滞在中、ヴィクトリア女王の息子であるプリンス・オブ・ウェールズ（英国皇太子の称号—訳者注）がデンマークのアレクサンドラ王女と結婚した。この王室の結婚を祝って、花嫁の母語であるデンマーク語が話せる者は無料で飲み放題、食べ放題がゆるされた。クリストヤンはイギリス人のこのような寛容さを十分に利用し、大いに楽しんだのであった。そして最終的にはニューカッスルでスペイン行きの石炭運搬船に乗りこむことになった。

クリストヤンはスペインから四十四日間の船旅をして、リオ・デ・ジャネイロに到着した。この地のことについては故国アイスランドにいたとき、書物で何度も読んだことがあり、またここは夢に見ていた有名な町でもあった。彼はこの町に定住したが、ブラジルの公用語であるポルトガル語を学習することによって、容易に腰を落ち着けることができたのであった。また大工熟練工として、居住した地域で有名になり、ブラジルでの暮らしについて、祖国の両親や家族宛てに熱のこもった手紙を書き送っていた。

クリストヤンの両親はブラジルのクリストヤンに合流するため、一八七三年にアイスランドを離れた。一同を乗せ

た船はクリストヤンが出迎えを予定していた南部パラナ州のクルティーバの埠頭に着いた。ところがそこで両親たちは到着直前にクリストヤンが黄熱病で他界したことを知らされた。しかしながらイスフェルト一家はクルティーバに定住を決意したのであった。ここには、そのころ、すでにイスフェルトの家族以外にもアイスランド人が何人か住んでいたからであった。

クリストヤンがコペンハーゲンを発った一八六三年に、他にも五人の男がブラジルに向けてアイスランドを離れていた。この男たちもまずコペンハーゲンまで行って、それからハンブルクへ向かった。ハンブルクで一か月滞在したあと、ブラジルに向かう船に乗る許可をもらったのである。この五人はブラジルで、デンマークから移民してきた人たちと出会ったので、定住先としてどこを選んだらいいのか、最適地を尋ねたところ、だれもかれもみなが異なるアドバイスをした。そこでこのアイスランド人たちは最終的にはブラジル南部のクルティーバ市に留まることにした。五人の男たちは市の近郊に農場を購入して、最初の三年間は開墾に費やし、これを立派な農場に仕立て上げた。

アイスランド人たちは新天地ではまったく霜が降りないことにびっくり仰天した。農業者は一年のうちどの月でも種まきと収穫ができた。作物が毎年、二度も三度も獲れたのであった。アイスランド育ちの農民は暑さには不慣れではあったが、ブラジルへの入植を成功裏に終わらせようと願っていた。

ブラジルへの移住

　一八七〇年代の初めのころ、アイスランドにはブラジル在住のアイスランド人から届いた手紙を読んでいる人々がいた。ブラジルには陽光あふれるとこしえの夏がありそうなので、できればその国に移りたいとたくさんの人々が思いはじめていた。ブラジル政府に渡航費の援助を求めたところ、政府の役人たちはドイツのハンブルクからブラジルに向かうアイスランド人移民にはだれにでも旅費を支払うと約束した。

　ブラジルへの移住に参加の契約を結んだ人は四〇〇人以上になった。この旅行の主催者たちはアイスランドまで船を持っていって、人々をハンブルクまで輸送しょうとしたが、うまくいかなかった。けれども、四十人ほどが自らの意思で、三つの小グループに分かれて、アイスランドを出発し、コペンハーゲンで落ち合い、ブラジルまでの残りの行路は一緒に旅することになった。

　コペンハーゲンでは、ブラジル政府の役人から旅費だけでなくコペンハーゲンとハンブルグ滞在中の生活費も支給してもらう約束をとりつけ、そうしてその間、渡航準備が整うまで、船を待つことにした。

　乗船して三日目、エルベ川の河口にさしかかったあたりから、乗組員は気分を悪くしはじめた。そのうち、アイスランド人のなかにも、また他の乗客のなかにも、乗組員と

同じ病気になるものが出てきた。病人はハンブルクの病院に数週間収容されていたので、その間、船の出発が遅れることになった。病気―というのはコレラだったのであるが―エルベ川の水を飲んだことがその原因であった。ハンブルク市の汚水や廃棄物で川の水が汚染されていた。アイスランド人たちは以前からこの船の飲料水に愚痴をこぼしていて、あまり飲用しなかったので、乗組員は三分の一が死亡したのに、アイスランド人の死者はわずか四人にとどまった。

　一八七四年の一月にブラジルに到着すると、アイスランド人のグループは先にクルティーバに移住していたアイスランド人たちと合流した。どの家族も政府から七〇〇〇平方メートルの土地を年六ドルで借りることができた。みんな住宅を建て、庭には木を植えた。

　アイスランド人は土地や草木に不案内であったため、初めて作った菜園での収穫はあまり芳しくはなかったが、改良してすぐに生産性を高めることができた。また、小さな菜園で得た収入を補うために、急速に発展していくクルティーバの町で、職探しもした。ポルトガル語が流暢に話せるようになるにつれ、ブラジル市民としての自覚もついていったが、故国やニューアイスランド（後述―訳者注）にいる家族や友人との絆も依然として保ち続けたのである。ニューアイスランドで発行されるアイスランド語の新聞フラムファーリ―報知―にはブラジルに移住したアイスランド人のたよりが頻繁に掲載されていた。

ところでブラジルに移住するつもりでいたのに、ハンブルクまでの乗り物が見つからないアイスランド人がたくさん発生し、これらの人たちは土地や財産を残らず売り払ってしまっていたので、移住以外のことは念頭にのぼらなかった。そこで、この人たちは一八七六年にカナダおよびカナダのニューアイスランドに渡ったグループと行動をともにすることになった。

カナダへの移民

　早くも一八五三年にはアイスランド人の中にはもっとましな生活を求めて、移住の議論を始める者がいた。ところが、移住先こそ大問題で、議論はブラジルへの移住という点に集中していた。これまで見てきたように、少数ではあっても、すでにその地へ行った者がいたからであった。しかしまたアラスカを含むアメリカ合衆国のいろいろな地域も検討の対象になりはじめた。モルモン教に改宗していたものはユタへ向かった。移住を考えている人はほとんどみなが定住するなら合衆国が最適の場所だと考えるようになった。

　一八七三年から一八七四年にかけて、アイスランド人の二グループが故国を離れ、北米にやってきた。この人たちは一年前にウイスコンシン州（一八四五年、米国三十番目の州となる―訳者注）に定住している友人たちから北米の事情を詳細に聞き知っていた。総勢五二〇人が汽船に乗り込み、この二夏の間に居住地を出発し、三週間の大西洋横断航海に出た。

　海の旅は快適とはいえなかった。船が荒海に出ると、多くの人が船酔いをわずらった。貧弱な食べ物に加え、船内はごった返していて、陸が見えてきたときには、船客はみな嬉しく、ありがたく思ったことであった。ケベックに着いて、船が船だまりに入ると、アイスランド人は定住する計画を立てていたウイスコンシン州までの交通手段を探しにかかった。

ウィスコンシン州

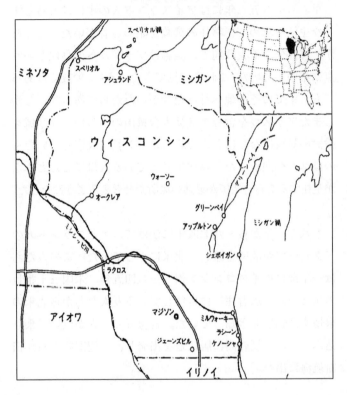

（訳者挿入）

カナダ移民局の係官はアイスランド人はたくましそうだし、開拓者として成功するだろうと考え、このような人たちに合衆国へ逃げてもらいたくないと思った。そこでスィグトリュッギュル・ヨウナスソンの協力を得て、ほとんどすべてのアイスランド人をカナダに居留するよう説得した。アイスランド人はカナダ政府が次のような条件を認めるならば、カナダに留まることを承諾してもよいと答えた。

一. 生粋のカナダ人と完全に同等の市民権が与えられること
二. 適切な広さの入植移住地が提供されること
三. 自分たちおよび子孫の人権、言語、国籍が常に維持されること

カナダ政府はこれらの要求をすべて認め、この二年間にやってきた二つのグループのうち、第一のグループにはロソーを、第二のグループにはキンマウントの土地を下付することにした。いずれの土地もオンタリオ州にある。両グループのリーダーであったスィグトリュッギュル・ヨウナスソンはキンマウントに滞在することになった。

キンマウント

　スィグトリュッギュル・ヨウナスソンは第二グループの移民たちにカナダに留まるように説得したあと、みんなでキンマウントに入植移住地を建設することにした。そうすることによって、その地域で鉄道敷設の仕事が得られるはずであった。

　総勢三六四名のアイスランド人はケベック・シティからトロントまで、駅馬車に乗って移動した。トロントでは検疫のために二週間近く強制隔離された。トロントを発ってからは自分たちの荷物を全部持って、鉄道駅まで五キロほど歩かなければならなかった。幼い子供もたくさんいたので、背負ってやらなければならなかった。一行は列車に乗り、終着駅であるコボコンクで降り、そこからは馬に引かれた荷車に乗って、約二十三キロの道のりをキンマウントへ向かって進み、仮の宿となる掘っ立て小屋に辿りついた。

　キンマウント入植地の生活はとても厳しく、多くの病人がでた。カナダの気候はアイスランドとは異なっているし、食べ物が口に合わないだけでなく、十分に手に入らず、家はぎゅうぎゅうすし詰めの状態だった。岩肌のごつごつしている土地は農業には適していなかった。鉄道敷設の仕事が終了してしまうと、近辺には仕事などはまったくなくなってしまった。キンマウントから少々離れたところにある製材所で職にありついて、日当五十セントを稼いだ者や、農場の仕事を手伝って、日当十セントを稼いだ者もいた。

五大湖を中心としたカナダ・米国のアイスランド人関連地名

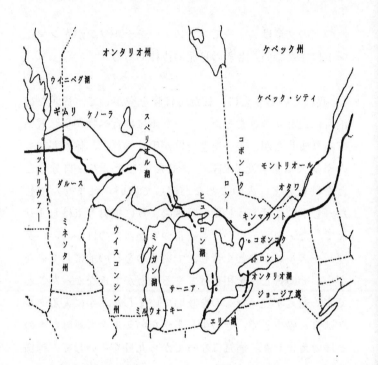

（訳者挿入）

入植移住地のキンマウントでは老人が幾人か落命し、二歳以下の子供は全員が死亡してしまった。

つぎの文章はスィーモン・スィーモナルソンがキンマウントに住んでいたときの日記の抜粋である。

「疲れているうえに、私たちは腹を空かして、貧弱な宿泊所にたどりつきました。テーブルには食べ物が少し置いてありましたが、丈夫な者だけが手に入れて、体の弱いものや病人はまったく口にしませんでした。みな自分のことだけを考え、人のことなど構ってはいられませんでした。しかし私はどうしても野獣のように振舞う気はしませんでした・・・・なかでも一番つらかったのはかわいいグヴューズルンがひどく苦しんでいるのを目の前にしていながら、その苦しみを和らげてやることができなかったことです。絶えず食べたものを吐いていました。手に入るミルクはほんの少しで、その少ししかないミルクも新鮮なものとはいえません。病気になってから九日ぐらいして、神様はグヴューズルンを優しく抱いて、連れて行かれました。グヴューズルンは十月十八日、夜の十時に亡くなりました・・・・かわいい気立てのよい子で、年齢よりもずっと大人で、頭のよさも天から授かっていたように思います。私は生きている限り、愛するこの娘を失ったことを嘆き悲しむことでしょう」

ジョン・テイラー

キンマウントの二人の女の子の偶然の出会いが有力なイギリス人ジョン・テイラーとその家族をアイスランド人社会に導きいれることになった。

ジョン・テイラーは西インド諸島で、裕福なイギリス人の両親のもとに生まれた。イギリスのオックスフォードで教育を受けたテイラーはイギリス聖書協会の、聖職者ではない一般信徒の牧師となり、北オンタリオのダイサート郡で宣教師となった。

兄のウイリアム・テイラーにはスーザン、ジェイン、キャロラインの三人の娘がいた。ウイリアムが妻に先立たれると、ジョンと妻のエリザベスには子供がなかったので、ウイリアムの三姉妹を引きとって育てることにした。

一八七四年、十八歳になったキャロライン・テイラーは南オンタリオで教師をしていた。学期が終わって、叔父の家に帰省する途中でのこと、キャリーの乗っていた駅馬車が昼食のためにキンマウントで止まったとき、キャリーは村の共同の井戸端にひとりの若い女の子がいることに気づいた。その女の子は長いブロンドの髪で、青い目をしていた。おまけにキャリーが今まで一度も見たことがないような服装をしていた。黒髪で黒みをおびた目をしているキャリーは自分とはずいぶん容貌の異なるその女の子にうっとりとして、宿屋の主人にその女の子のことを尋ねた。する

と宿の主人はその子がアイスランド人であること、またアイスランド人たちが村から少し離れた森の中に小さな小屋を一軒建てて、その中で暮らしていることなど話してきかせた。さらにつけ加えて、アイスランド人たちはキンマウントでただいまたいへんつらい日々を過ごしているということも伝えた。みんな一緒に群がって暮らしている小屋の中で、家族は飢えて病にかかり、子供たちの多くはジフテリアで死にかかっている・・・・と。

キャロラインは家に帰り着くと、叔父のジョン・テイラーにこのアイスランド人の女の子のことや宿屋の主人から聞いたアイスランド人たちの話を語った。ジョンはキンマウントまででかけていって、なにをどうすればアイスランド人の生活状態が改善されるかを自分の目で確かめることにした。

キンマウントで、ジョンはスィグトリュッギュル・ヨウナスソンとアイスランド人のグループに会った。知り合ったアイスランド人たちの人となりにたいそう深い感銘を受け、ジョンはアイスランド人たちが数々の苦難を耐え忍んでいるのに、知的で感じのよい人たちであると見てとった。こうしてジョンはここに留まって、アイスランド人たちのために精一杯尽くす決意を固めたのであった。

アイスランド人たちは鉄道会社の小屋に住んでいた。そこでジョンはその鉄道会社に赴き、アイスランド人のために小屋をもっとたくさん建てるように説得した。それが

ジョンの真っ先におこなった行動であった。つぎに、鉄道会社に働きかけて、腕のいい医者を派遣させ、その医者にアイスランド人をよく診察してもらうことであった。会社おかかえの医師もいたが、この医師には飲酒癖があり、あまり使いものにならないからだった。

翌年六月にジョン・テイラーが引き受けた任務は首都のオタワに行き、アイスランド人のために、もっと適切な永住入植地を用意する調査隊の費用をカナダ政府に支払わせることであった。マニトバ州に広々とした土地を探しに行く数人分の資金も要求した。政府の役人たちはジョンが調査隊三人のうちの一人となることを条件として、三人分の旅費を支給することに同意した。さらに、カナダ政府はアイスランド人とのいっさいの交渉の窓口にジョン・テイラーを任命した。

調査隊が北西準州のキーウェイティン地区からもどってくると、アイスランド人は全員、選りぬきの場所となったニューアイスランドへ移動することになった。ジョン・テイラー夫妻、テイラーの兄ウイリアム、三人の娘たち、さらに友人数名が、オンタリオの定住地を引き払い、アイスランド人とともにニューアイスランドへ移住した。

生活用具などはなんでもいつでも身近に備えていた裕福な家族がマニトバ州の北方の未開地へ移住することになって、生活様式が急激に変化してしまった。娘のうち二人はとうとうアイスランド人と結婚することになった。キンマ

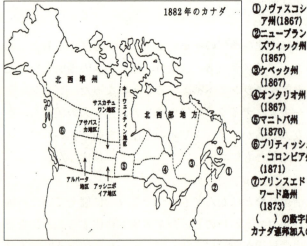

(訳者挿入)

ウントの井戸端で出会った見知らぬブロンドの女の子にキャリーが好奇心を示したことから、テイラー家の運命もアイスランド人たちの運命も一変することになった。

理想の入植移住地

アイスランド人たちは調査隊をネブラスカ州（一八六七年、米国三十七番目の州となる―訳者注）、アラスカ（一九五九年、米国四十九番目の州となる―訳者注）、さらにマニトバ州のレッド・リヴァー盆地へ派遣した。入植候補地にマニトバ州を選び、そこを調査したグループのリーダーはスィグトリュッギュル・ヨウナスソンであったが、このグループのメンバーにはジョン・テイラー、スカプティ・アーラソン、エイナル・ヨウナスソン、クリストヤウン・ヨウンスソン、スィグルジュル・クリストフェルスソンがいた。この代表団はウィニペグ湖西岸地域を視察するようにいわれていたので、ジョセフ・モンクマンというインディアンのガイドがこれに同行した。一行は湖岸を州境から北方のホワイト・マッド・リヴァーの河口まで探索した。この河口には天然の港があり、そこから五キロほど離れたところに大きな島があるため、高潮のときも問題はなかった。一行は小船で川を上り、奥地に入って、今日のアルボルグあたりまで来たところで、一面に草が生い茂った広々としたプレーリー（大平原）を目にした。

入植移住地に選んだ土地は十六キロばかり内陸にあり、マニトバ州の州境から北に五十二キロ伸びていて、大きな島も含まれていた。これで調査は完了であった。開拓移民であるアイスランド人たちはついに新世界に永遠の家を築く場所を見出したのである。第一次調査隊の報告では、その地域の土地は肥沃で、木材は豊富にあり、ヘラ鹿、鴨、

ガチョウもたくさん生息している。イチゴもどっさり取れる。ウィニペグ湖には魚がいっぱいいるということであった。それならば、だれも飢えるはずがない。ここを＜ニューアイスランド＞と命名し、それまで目の当たりにしたホワイト・マッド・リヴァーをアイスランド・リヴァーと呼び改めることにした。

ニューアイスランドへの移動計画

　スィグトリュッギュル・ヨウナスソンとジョン・テイラーは自分たちの提案した入植移住地をカナダ政府に認めさせようと願って、オタワに出かけていったところ、その要望はすぐさま承認されることになった。さらに、入植地で過ごす際の初年度の資金援助とその他に移住者がニューアイスランドへ移住するための旅費の支給も要請した。しかしそのような援助はできない、政府役人の任務はカナダ移民の手助けをすることであって、カナダ国内の場所の移動を支援することはできないとの返答が返ってきた。キンマウントやロソーのアイスランド人の多くはたいへん貧しく、ほとんど食料を購入することさえできなかった。政府の援助がなければ、旅費を捻出することなどとうてい不可能な者が多数発生するはずであった。

　ところがこのときアイスランド人の味方になったのがダフェリン卿であった。ダフェリン卿はこの新来の移民の生活を深く心にとめて、たいへん気遣った人であった。その理由は彼自身が若いころにアイスランドを訪れたことがあり、そのときのアイスランド人の対応をダフェリン卿はとても気にいっていて、アイスランド人の寛容で温かい人となりが格別な感動を与えたからであった。ダフェリン卿はカナダ政府とかけあって、アイスランド人がニューアイスランドに行くまでの旅費を援助してもらえるように取り計らった。その結果、アイスランド人との交渉でカナダ政府の代理人を務めていたジョン・テイラーはアイスランド人

にニューアイスランドで過ごす初年度の食料購入資金をローンとして貸与することにしたが、アイスランド人は家屋や農場を建設するだけではなく、生活物資も貯えておく必要があった。

　スィグトリュッギュル・ヨウナスソンもカナダ政府から重要な仕事を与えられた。その仕事というのはアイスランドに戻って、もっと多くの移住者を集めてくることであった。スィグトリュッギュル・ヨウナスソンは早速アイスランドに向けて旅たった。

　一八七五年の夏、スィグトリュッギュル・ヨウナスソンはウイスコンシン州のミルウォーキーにいるアイスランド人たち宛てに一通の手紙を書き送っている。その手紙はオンタリオ州に住んでいるアイスランド人の二つのグループがマニトバ州北部に開拓した永住入植地に引っ越す予定であり、その地をニューアイスランドと命名し、そこに入植移住地を建設するというものであった。ヨウナスソンはこの手紙でミルウォーキーのアイスランド人にニューアイスランドの同郷人のグループに加わって、新生活を始めてみてはどうかと勧めている。秋のたいそう深まったこんな時期に荒野のようなところに移住することに疑念をいだいた者もいた。しかし、入植予定の人々を喜ばせたことは乳牛用飼料の干草を貯蔵するためにすでに三名の労務者が雇い入れられているということであった。またカナダ政府からの贈り物として総数二五〇頭の乳牛が支給されるので、入植者の子供たちは少なくとも牛乳を十分に飲めるようにな

現在のギムリを中心とした地図

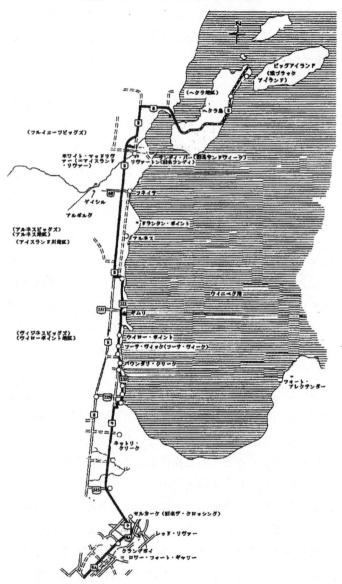

るであろう。こうしてウイスコンシン州にいる多くのアイスランド人は今住んでいるところを離れ、オンタリオ州のアイスランド人と合流して、ニューアイスランドに向かう決意をしたのであった。

ニューアイスランドへの道中で

　アイスランド人はキンマウント滞在をあまり愉快には思わず、しきりにここを離れたがっていた。新しい家に引っ越したくてたまらなかった。調査隊がニューアイスランドから持ち帰った報告書によると、そこならばカナダで過ごした初年度よりもずっと快適な生活が送られるはずであった。

　キンマウントとロソーに入植していた者は一八七五年九月二十五日オンタリオ州のサーニアで落ち合い、汽船でヒューロン湖とスペリオル湖を横切って、米国ミネソタ州のダルースまで移動し、そこでウイスコンシン州の入植地にいたアイスランド人グループと合流した。総勢ほぼ三〇〇人。ダルースからダコタ準州(現在のノースダコタ、サウスダコタ、モンタナ、ワイオミングの各州を含む北米中西部を指し、ダコタ・テリトリーと呼ばれた―訳者注)のフィッシャーズ・ランディングまで米国の鉄道を利用したが、カナダにはまだ鉄道が完成していなかったからである。

　レッド・リヴァー沿いのフィッシャーズ・ランディングでアイスランド人は蒸気動力の船尾外輪船＜インターナショナル号＞に乗り込み、レッド・リヴァーをウィニペグまで移動した。この船に全員を乗せたうえに、さらに荷物を運ぶには船は小さすぎたので、後ろに大型平底船を曳航して、人も乗船できるようにした。時間がかかる難儀な旅路と

なった。食料と燃料の調達に船を停めざるをえないことがしばしばで、おまけにレッド・リヴァーは水位が低く、気船が浅瀬に乗り上げるので、乗客は船を水に浮かせるべく懸命な努力を払った。

　川を下る速度が遅かったので、アイスランド人は今後のことを話し合う時間がたっぷりあった。ニューアイスランドにはじめて築く町の名前は北欧神話にでてくる＜ギムリ＞にすることにした。ギムリとはこの世の終末に神々が連れて行かれる場所のことで（ギムリは勇敢で正義の者のみが、死後に選ばれてつれて行かれる天上の楽園のこと―訳者注）、ここで神々は永遠の平和と幸せを手に入れる。開拓移住者たちはギムリをウィニペグ湖の近くで、アイスランド・リヴァーに面したところに建設することにした。捜査隊はこの地こそ入植する最初の町として、最高の場所になるであろうと考えた。

　十月十一日にアイスランド人はウィニペグに到着した。小さな町ではあったが、心が弾む一日となった。この町の住民は一〇〇〇名を数えた。多くの者がアイスランド人を一目見ようと、レッド・リヴァーの埠頭にやって来た。ところが、アイスランド人は白人だということがわかると、みなたいへんがっかりしたことであった。背丈一二〇センチほどの、ずんぐりした黒髪のエスキモー人もどきを予想していたからであった。ジョン・テイラーはウィニペグの人々にこれが本物のアイスランド人なのであるということを説得するのにおおいに骨を折った。地元の新聞は「アイ

スランド人はあかぬけしていて、知的で優秀であるから、定住者として成功するだろう」と報じた。

ウィニペグのアイスランド人たちは新入植地に牛を連れて行くことはできないことに気づいた。干草刈りに雇われていた三人の男たちはよそでもっと割のいい仕事を見つけ、干草を貯える作業にはまったく手もつけず、逃げ出してしまっていた。冬のあいだ、新入植地で牛を飼うてだてはなくなって、アイスランド人たちはみんな呆然自失するばかりであった。

ジョン・テイラーはアイスランド人を促して、できるかぎり多くの人がウィニペグで職を探し、居住する場所も見つけられるよう画策した。そうすれば荒野で冬を越さねばならぬ人々は少なくてすむであろうから。しかし、ウィニペグは当時たいへん小さな町だったので、新来者には仕事も見つからず、住宅もほとんど手にはいらなかった。アイスランド人はほとんど全員がニューアイスランドに向けて旅を続けることになった。

ヨーク・ボート（一八二〇年から一九三〇年まで内陸の水路で貨物の運搬に使用した大型の漕ぎ舟で、この名称はハドソン・ベイ会社がマニトバ州のヨーク工場ではじめて造ったことに由来する―訳者注）一隻と大型平底船八隻を買って、旅を続けた。平底船は荷物を運ぶために、レッド・リヴァーでよく使われていた。船首と船尾に操縦用の大きな舵がついていた。この舵を使い、川の流れに合わせて進

むものであった。

　それぞれの船の舵とりに、二人の男が選ばれた。しかしこの仕事はなまやさしいことではないことに気づかされた。川の水位は低く、川床には大きな石が散らばっていた。水の中から突き出ている岩もあった。水面下に隠れている岩もあった。船が一隻、岩にひっかかっても、男たちにはなかなかこれを解き放つことができなかった。別の船から指図を受けても、「てめーたちこそ気をつけろ！」とわめき返すばかりで、意地を張り、船をゆすぶって、無理に岩場から離れようとした。ようやく他船の指図に従って、船を岩場から離したときには周りはすでに暗くなっていた。暗闇ではまともな舵とりはできず、何度も何度も岩場に乗り上げてしまい、夜が明けるまえに他船に追いつくことができなくなってしまった。

　ようやく全船が合流すると、日曜日であったので、ジョン・テイラーは全員のために簡単な礼拝を行い、早瀬をうまく乗りきるにはガイドが必要であるから、一人雇うことにしたと報告をした。さらに、アイスランド・リヴァーに面している、行く先予定の港まで曳航してもらうため、汽船を一隻借りうけたことも話して、アイスランド人たちの納得をえた。

　大型平底船をうまく操って川を下ることはいぜんとして困難であった。セント・アンドリューズ早瀬で船が座礁してしまい、船をもとに戻す作業はたいへんであった。数隻

が損傷をこうむった。平底船と＜ヨーク・ボート＞がロワー・フォート・ギャリーに近づくと、船同士入り乱れてしまい、海岸近くに仕掛けてあった魚網に被害を与える結果となった。この網はそのとき岸に立って様子を見ていたインディアンたちのものであった。インディアンが不愉快な気持ちになったことはいうまでもない。しかし彼らは黙ってその様子を見ていた。ただ、インディアンの女性一人が大声をあげて、アイスランド人を威嚇するジェスチャーをした。

　アイスランド人たちがロワー・フォート・ギャリーに到着すると、汽船コルヴィル号はすでに停泊していた。翌朝、ウィニペグ湖を北上する旅が始まる予定であった。その翌日、つまり一八七五年十月二十二日、一行はあらかじめ予定していた目的地から四十キロ南の、ウィロー・ポイントに上陸した。その後、速やかに自分たちの住まいを作り、冬の到来前に食料を調達する仕事にとりかかった。

ギムリ上陸

　一八七五年十月二十二日の午後、コルヴィル号の船長はウィロー・アイランドの南端の、陸から沖に向って一・六キロ以上も離れた地点に投錨した。湖上に嵐が起ころうとしていると言い張って、それより遠くには平底船を曳航したがらなかった。この季節、湖上にはよく嵐が発生する。嵐に襲われるようなことがあれば、平底船は高波で破壊されてしまうだろうと船長はいった。アイスランド人たちはアイスランド・リヴァーの河口で、入植移住地での最初の冬を迎えるつもりでいたが、船長はそこまで行くことを承知しなかった。それでみんなウィロー・アイランドに上陸し、そこに家を建てざるをえなかった。

　ウィニペグで求めた一隻の＜ヨーク・ボート＞には八人の漕ぎ手が乗船していた。この人たちが小さな湾内のウィロー・ポイントの真南にある潟湖まで、八隻の平底船を一・六キロほど必死になって曳航し、みんなそこに上陸した。こんなおもしろくない仕事に丸一日を費やし、平底船と食糧品を全部コルヴィル号から岸に移し終えたときにはすでに夕闇がせまっていた。

　翌朝、移住者たちがあたりを見回して気がついたことは上陸地点の北方になだらかな土地が広がり、そこに生い茂っている木立は住宅用の建材になるばかりか、ウィニペグ湖から風が吹いてくる場合に建物の風除けにもなるだろうということであった。避難所としての丸太小屋とウィニ

ペグから持参した必需品を保管する倉庫一戸の建設に着手した。住まいとしての建物の数は入植地に持ってきた料理用レンジの数に合わせる必要があった。木を切ったあとの開墾地に丸太小屋が三十戸建てられ、どの家にも二、三家族が群がって住んだ。今日の平均的な居間程度の大きさの掘っ立て小屋で、丸太には樹皮がついたままになっており、丸太と丸太の間の隙間には泥を詰めた。

丸太小屋ができあがるまではハドソン・ベイ会社から借りたテントの中で生活をした。テントによってはバッファロー（野牛、バイスン）の上等の皮で作られたものもあったが、古びて擦り切れているものも多かった。このテントのうちの一つで、入植地初の白人の子供、ヨウン・ヨウハンソンが生まれた。母親が横たわっているベッドには雪が吹きつけていた。

ジョン・テイラーはカナダ政府から借り入れた五〇〇〇ドルで、必要な食料をウィニペグで購入していた。しかし残念なことに、この時とばかりに腐ったペミキャン（野牛肉などを切干にして砕き、果実や脂肪をつき混ぜて固めた携帯用保存食品─訳者注）やコクゾウ虫のついた小麦粉や豆を売りつけた悪徳商人もいたのである。アイスランド人の中には品質のよい物かどうか自分たちで選んで、必要な物資を購入した者もいた。入植者たちは自分たちが建てた倉庫のなかに一軒の店を開き、さらに入植地全域に食料品の配給もした。食料品店の責任者にはフリズヨウン・フリズリクスソンが選ばれた。

翌一八七六年はどんな年であったかというと、この年にギムリに入植した一人がアイスランド政府宛てに手紙を出しているので、ここに引用しておこう。

　「ギムリという名前がこの地にどれほどふさわしいか、またはじめこの名前をつけたとき、それは戯れであったのか、それとも本気であったのか、私にはわかりません。しかし赤毛のエイリークが魅力的な名前をつければきっと多くの人が訪れるようになるだろうと考えて、＜グリーンランド＞と名をつけたのとおそらく同じ理由なのではないでしょうか」

はじめての狩猟と漁労

　ギムリに移住したアイスランド人はアイスランドから網を持参してきていたので、最初の数週間はウィニペグ湖で魚を獲って暮らしていた。入植した人たちはみな腕のいい漁師ばかりであったが、彼らの経験はすべて大西洋上での魚場にもとづくもので、持参した網はウィニペグ湖の漁に適合するものではなかった。つまりそれは目合(めあい)が大きすぎて、湖岸に設置した網には岸辺に投げ捨てられた棒切れやガラクタが絡まってしまって、実に惨めな漁獲しかあげることができなかった。

　ジョン・テイラーはウィニペグ湖で最初に魚を捕らえた人に五ドルの褒賞金を授与すると言い放った。賞をもらったのはクリスミュンデュル・ベンヤミンスソンで、彼の捉えた魚はニシンに似たゴールドアイであった。アイスランド人には馴染(なじみ)のない魚であったので、多数の人々がこの見なれない魚を一目見ようと群がってきた。料理してみると、すっかりふやけてしまい、とくにおいしいというわけでもなかったが、燻製にすると、意外にも珍味であることが程なく判明した。

　アイスランド人は一面凍結した湖で魚を獲ることに次第に上達していったが、湖で網を大量に凍結させて、使えなくしてしまった。アイスランド人は今まで一度も、氷の下の魚を捕獲するという漁法に接したことはなかったし、そんな魚の獲り方には不慣れであった。何人かは潮流のため

に凍結することのないレッド・リヴァーの河口まで下りて行って、漁をしたほどであった。休養する小屋もなく、厳しい天候に耐えられる者はごく少なかった。その年の冬は摂氏零下四十八度の低温を記録し、漁師の誰一人としてそのような極寒に耐えられるだけの、暖かい衣服はもちあわせていなかった。その冬はそんなわけで魚はほとんど獲ることができなかった。

　十二月半ばには食料が乏しくなってきた。入植者は必要な量に満たない食料しか持ってこなかった。その理由として、ここが開拓入植地に選ばれたのは魚が容易に手に入り、猟の獲物も豊富であると知らされていたからであった。アイスランドには猟でとれる大きな獲物はいないし、野生の動物といえるものもごく少数なので、猟をしたことやピストルを使用した経験がある入植者はほとんどいなかった。それでも、食料事情はだんだんせっぱつまってきたので、三人一組となって狩猟探検に出かけた。クリスマスイブに男たちは手ぶらで帰ってきた。奥地へ二十五キロか三十キロ歩いて入っていったのに、何一つ手に入れられなかった。ヘクラ島の北部にムース（ヘラジカ）の足跡は発見されたが、追いかけることはしなかった。雪の中、はるかかなたの入植地まで、ムースの屍骸を運ぶことなど到底叶いそうもないことがわかっていたからである。冬から春にかけて、ビタミンＣ欠乏による壊血病やその他の病気で、三十五人か三十六人が死亡した。亡くなった者のほとんどが子供か病弱な大人であった。この壊血病による伝染病騒ぎは入植地に乳牛と新鮮な牛乳が届いた夏の初めまで続いた。

ギムリでの最初の冬

　ギムリの初めての冬は娯楽や親睦のためのつき合いなどにことかき、ままならない状態であった。ただジョン・テイラーの家だけは大きくて、みなが集まって、談合する中心地になるはずであったが、実際には訪問してそのまま帰宅するというだけであって、多くの人が自宅に籠って読書の日々を過ごしていた。開拓者としてやってきたアイスランド人が持参したものはあまり多くはなかったが、この新開地の必需品として、大事にされたものは書物であった。

　日曜日になると、ジョン・テイラーは戸外で礼拝を行った。テイラーは英語で説教をし、かたわらに立っていたフリズヨウン・フリズリクスソンがアイスランド語に翻訳した。気温はたいへん低いのに、礼拝には出席者がいつも沢山いた。

　その冬、親睦を深める上でとりわけ人目を引いた行事は＜大晦日のバーニング＞（バーニングは「燃やす」の意―訳者注）という祭りであった。アイスランドでは慣習となっているこのお祭りは薪（たきぎ）や燃えやすい木切れを集めて、大晦日の晩に燃やすものであるが、それは旧年に別れを告げる表象でもあった。夜風の冷たい静かな晩であった。村の正面に氷が置かれ、その上に薪が高々と山積みされ、近くには演台が作られる。人々が燃えさかる火の周りに集まる。

　真夜中ごろ、柔らかいウサギの毛で作った白いあごひげをはやし、婦人が仕事着に使う白い上張り（うわっぱ）を身につけ、ター

ル紙で作った高さ六十センチあまりの山高帽をかぶった老人が姿を現わす。この老人は＜旧年＞を表わす。瓶とコップを手にもって、杖に寄りかかり、足を引きずりながら登場し、まわりの人々全員に火酒をふるまって歩くふりをする。瓶もコップも実は空っぽである。集まっているたくさんの人たちをしばらく楽しませると、やがて足を引きずって、また西の方に去って行く。

　すると突然、東から＜新年＞が近づいてくる。立派な装(よそお)いの若者が＜新年＞を演じているが、一年の十二か月を代表する十二名の妖精がお供(とも)としてついてくる。妖精のうちの半分は白い服、半分は緑色の服を着ている。＜新年＞の妖精が人々にメッセージを伝えると、人々は全員、焚き火を囲んで、いっせいに歌い踊りだす。

　火が燃え尽きると、十二人のお供をつれた＜新年＞役の若者と周りに群がっていた多くの人たちは合流して、ジョン・テイラー家にいっせいになだれ込んで、引き続き新年を祝いつづけた。テイラーは香辛(こうしん)で味つけした焼き魚を招待客全員に配ってまわった。それは新年の折にふさわしい、休暇のご馳走となった。

ギムリの教育

アイスランド人がこの新開地に持ってきた慣習の一つに子供の読み書きは家庭で行うということがあった。子供は通常「堅信礼の歳」（「堅信礼」とはキリスト教で、幼児洗礼を受けた者が成人してから、信仰を告白して、教会員となる確認の儀式―訳者注）と呼ばれる十三歳か十四歳で学校に通い始める。学校では地理や算数のような必須科目だけでなく、宗教の学習もおこなわれた。ニューアイスランドの子供たちは英語も学ばなければならないという差し迫った必要があった。ほとんどの両親が話したり書いたりできるのはアイスランド語のみであったので、家庭では英語教育はできなかった。定住した最初の冬、ギムリに学校が開設された。

一八七五年から一八七六年にいたる冬、ジョン・テイラーの姪にあたるキャリー・テイラーは教師をしていた。政府の倉庫に開設された学校でキャリーは二十五人の生徒に英語などの科目を教えた。次の冬は大部分、伝染病の天然痘が流行ったため、授業は一時中止となった。春になり、学校を再開しても大丈夫であると医者たちが考えると、こんどはキャリーの妹のジェイン・テイラーが教師となり、六十三人の生徒の教鞭をとった。

ギムリの学校は一八七七年の十二月から一八七八年の四月までが第三学期であった。その冬、教師になったのはヨウン・ビャルナソン尊師の奥方であった。ビャルナソン尊

師とフリズヨウン・フリズリクスソンは書き方、文法、地理、算数、音楽、宗教、英語の授業で、ビャルナソン夫人を手助けした。英語は第二言語として教えられ、それ以外の教科はすべて、アイスランド語で教えられた。毎年、クリスマスイブには生徒たちは苦心して仕上げたコンサートを開催した。学校教育はこのような状態で一八八五年まで続けられた。

一八八五年にグヴューズニ・ソルステインスソンが校長として雇われ、ギムリで三か月間、フーサヴィークで三か月間、教育する取り決めができ、この地域ではじめての有給の教師となった。この取り決めは一八八七年の秋まで続き、その年ニューアイスランドはいくつかの学区に分割され、政府補助金を授かるようになった。「ギムリ・スクール学区」は当時、創設された学区の一つだった。

一八八九年十月一日、教会所有の丸太作りの建物で授業が開始された。この建物は学区に売却されたが、日曜学校と夕べの集い(つど)には、教会を使ってもよいという条件になっていた。この建物は学校として七年間使用された。やがて、町立の二教室の校舎が新設され、一教室は一年生から八年生までの初等教育の生徒が対象で、もう一教室は九年生から十二年生までの上級生が対象となった。上級学校のクラスが政府の補助金を受けるためには各学年に最低十五人の生徒が必要とされた。一八九〇年以降は生徒数を満たすのになんら苦労はしなくなった。

一九一〇年には初等教育学校の教室が満杯になったため、町の近郊に土地を借りて、教室を増設しなければならなくなった。理事会で新しい学校の建設が決定され、一九一五年の秋、六教室の学校が新設された。その学校は今でもギムリに建っているが、一九七四年の春から教室としては使用されなくなっている。

アイスランド・リヴァーの開拓入植地

　一八七六年の春、アイスランド人三家族が開拓入植地のギムリを離れ、アイスランド・リヴァー河口近くに新居を建築し始めた。家族の引越しを思いたった三人の男の名はヨウハンネス・スィギュルズソン、フロウヴェント・ヨウンスソン、オウラヴュル・オウラフスソンといった。総勢十一人がランディに到着した。この地は現在リヴァートンと呼ばれている。

　この川の西側には丸太作りの廃屋があり、これはハドソン・ベイ会社が交易場として使用していた。アイスランド人三家族は自分たちの家を建て終えるまでここに暮らしていた。

　このアイスランド人たちは他の二家族が住居を建築するときには互いに手伝いあうことにしていた。入植者に与えられる自作農場の場所を確定し、アイスランドの慣習にしたがって農場に名を付し、住宅用地はそれぞれアウルスコウギュル、スキジュラント、オスと命名された。みんな力を合わせて、間口三・五メートル、奥行き五メートルの小さな丸太小屋を造り始めた。どの小屋もアイスランド・リヴァーに注ぐ小さな水路の北側に建てることにした。

　アイスランド人たちが交易所跡の古い建物の中に立ち入ろうとしたとき、インディアンの一団がじっとその様子を注視していることにアイスランド人たちは感づいてい

た。しかしインディアンは脅したり、過剰接近する気配はなかったので、無視して、仕事を続行した。家の完成が近づくと、アイスランド人はギムリから北上する時に乗ってきた船に道具を積み込み、水路を横切る準備をした。堤防の北側から眺めていたインディアンの目にはアイスランド人が行おうとしていることは一目瞭然であった。船が着岸しょうとしたちょうどそのとき、インディアンは身振り手振りをまじえながら、大声をあげて、アイスランド人の船を川の中に押しもどそうとした。アイスランド人は再度、着岸を試みたが、また船は押しもどされた。さらにもう一度インディアンが船を岸から押しもどそうとしたとき、船の前方にいたアイスランド人の一人が立ちあって、斧を揮った。するとインディアンは流血を望まず、森の中に退却して、家の建築作業は続行されることになった。

　ある日のこと、アイスランド人の少年が二人、建築現場近くの川に浮かべた船の中で遊んでいると、とこかからインディアンの人声が聞こえ始め、やがてカヌーに乗った多くのインディアンの姿が現れた。インディアンは鉄砲を振りまわし、小鳥をねらって撃ったり、大声をあげて騒いだり、まるでアイスランド人を脅して追い払おうとするかのような振舞いであった。少年たちはいそいで家に帰り、目撃情報を報告した。

　家が完成し、家族が移り住む用意ができた翌日の夕方、インディアンの集団がまた交易所の中に入ってきて、代表がジェスチャーを交えて、雄弁に語り始めた。多少なりと

も英語が理解できるアイスランド人を急いで呼んでくるようにと子供の一人が送り出された。インディアンたちはアイスランド人に話を理解してもらうまではなかなか交易所を去ろうとしなかった。こうして遂にアイスランド人もインディアンが何に怒っているのかを理解したのであった。

インディアンはアイスランド人の居留地が水路の北岸のところまでのはずなのに、越境して自分たちの領地を侵していると主張していたのであった。話し合いの結果、ウィニペグの土地事務所に行けば、問題は氷解するだろうということになり、両者は派遣団を送り出した。派遣団は道すがら、レッド・リヴァーの河口でスィグトリュッギュル・ヨウナスソンに出会った。ヨウナスソンがアイスランド人たちは居留地内の件(くだん)の場所に留まって、越境などする意図のまったくないことを説明してみせたので、インディアンたちの不満は雲散霧消した。

この事件ののち、インディアンがアイスランド人にもはや疑念を抱くことはなくなり、インディアンは鹿肉やペミキャンなどの贈り物を頻繁に届けて、定住したアイスランド人たちから歓待を受けるようになった。インディアンはアイスランド人が羊毛で作ったミット(指先が露出した女性用の長手袋―訳者注)やソックスと交換をするために、毛皮や食糧を持ってきたという話がたくさん語りつがれている。

アイスランド・リヴァーでの最初の年

　一八七六年の春から夏にかけて、ギムリに住んでいた多くのアイスランド人定住者とアイスランドからあらたに到着した移住者とが北方のアイスランド・リヴァー流域のニューアイスランド開拓入植地に移動した。今日ではリヴァートンと地名変更になっているランディとさらにサンディ・バーと地名変更されているサンドヴィークの二か所が移住者たちの拠点となった。

　カナダ政府はアイスランド人に数頭の牛を与える約束をしていた。こういうことがアイスランド人にとってとくに重要だったのは子供たちに新鮮なミルクを飲ませる必要があったからである。移住者が自分の家族のために一時しのぎの住居を建てたあと、なによりもまず優先して行ったことは小屋を造って干草を貯蔵し、牛の到着を待つことであった。入植移住地にはまだ牛馬は一頭もいなかったので、このようなことは移住者がみな自分たちの手で用意した。七月初日、二、三人の農夫が南方のギムリに赴いて、＜政府供与の乳牛＞が到着したかどうか確かめると、まだ乳牛は届いていなかった。七月二十三日に男たちが再び出かけていって、八月四日に数頭の乳牛を連れて戻って来た。農場主はそれぞれ乳牛一頭ずつを受け取った。

　ニューアイスランドの北部地域で最初の冬を過ごした入植移住者たちは木切れを幾重にも重ねて高々と積み上げ、新年の焚き火を囲んで、みなで大賑わいであった。これは

＜ニューイヤー・バーニング＞と呼ばれているが、前の年もアイスランド人たちはギムリで同じ祭りを催した。当時、天然痘に罹って死んでいくものがひじょうに多かったのに、この行事はその冬の呼び物であり、新年を祝うのにこれ以上のものはないと思われるくらいたくさんの人が川岸に集まってきたのであった。

　一八七七年一月二十六日、ランディ近辺の農家で会合がもたれ、入植移住地の運営について議論が交わされた。この会合で検討された事柄の一つに印刷会社の設立も含まれていた。そのような会社を作るために七〇・五株がニューアイスランド入植者に、一株十ドルでとっくに売られていた。当日、川の東側にあるランディで印刷所の建設工事が始められた。アイスランド人たちは印刷所を建て、地方紙を発行したいと願っていた。天然痘が蔓延して、人が死んだり、隔離されたりしている最中、新聞の発行はなによりも優先すべき課題であった。

ランディでの教育

　信仰告白の儀式を堅信礼（けんしんれい）（「ギムリの教育」参照—訳者注）というが、これを受ける年齢より年下の子供に対する授業はランディでは一八八四年まで、毎冬、個人の家で行われていた。教育はアイスランド流の家庭教育の伝統にしたがって、子供たちの家庭で行われていたのである。学校教育の大部分は宗教教育が中心であったが、それにつけ加えて、生徒は算数、文法、地理、英語といった実用的な科目も学んだ。

　スィグトリュッギュル・ヨウナスソンの家はランディ地区では大きい方であったので、ヨウナスソンはすすんで客間を教室として使うように提供していた。その上、彼は開拓入植地では英語が一番流暢だったので、自らも英語を教えていた。その当時のヨウナスソン以外の教師はトルフヒルデュル・ホルム、ハルドール・ブリエム尊師、それにスィグトリュッギュルの妻ランヴェイグ・ブリエムだったが、一八八一年にはこの教師たちは全員この地域から引っ越してしまい、フリズヨウン・フリズリクスソンがその後、教育の任務を引き継ぎ、彼も一八八四年にここを離れることになった。

　今日の生徒が初期のアイスランド人の生徒たちを羨ましいと思うのももっともなことである。学年は十一月か十二月に始まり四月まで続いたが、一月は寒いために学校は閉鎖された。四か月間の学期中に授業が行われたのは週に二、

三日であった。

　一八八五年にこの地域で会合が開かれ、その年の教師としてベネディクト・ピィェーチュルスソンを雇うかどうか議論がなされた。この地域で募金活動が始められ、六十九ドル五十五セントが集まった。ベネディクトはその年の仕事の報酬として、六十九ドル二十五セントの給与を受けた。教えた期間は一八八五年から一八八六年までわずか一年間であった。

　一八八六年の冬、何人かの親が選ばれて、この地区にいる四十人の生徒の教師となった。この地区の至るところで個人の家が学校代わりに使われた。そうしてもけっしてそれが無駄にはならないだけの生徒が集まっていた。三年後にランディに学区が設定されるまで、このような段取りで教育は続けられた。

　一八八九年にアルネス、フネイサ、さらにヘクラ島にも学区が設定された。きちんとした組織として州政府の監督下に置かれたので、当然どの学区も運営資金を受給できた。一八九一年にアイスランド・リヴァー地区で初めて恒久的な校舎がランディの川の東側に建てられた。この校舎は川の西側に新校舎が完成した一九二〇年に廃棄された。

　一八九一年、アイスランド・リヴァー沿いの、ウィニペグ湖から奥地に入ったゲイシルに学校が建てられた。教師はヨハン・マグヌス・ビャルナソン。一八九六年の春のこと、アイスランド・リヴァーが氾濫し、洪水は校舎にまで

達するほどとなった。校舎のすぐ近くの川にはキャルトナの農夫が魚網を仕掛けていた。洪水のせいで、その魚網に魚がかかるのをみて、生徒たちは狂喜のあまり、夢中になって、まともに授業がうけられなくなってしまい、ビャルナソン先生は子供たちの気を散らさず、引き続き授業にうちこませるのに大いに苦心したのであった。

大グループ

　一八七四年という年はアイスランドにとって祝賀の年であった。インゴウルヴル・アルナルソンに率いられたヴァイキングがアイスランドにはじめて植民して、永住するようになってからちょうど千年を経た年であるからであった。首都のレイキャヴィークを公式訪問したデンマーク王はさらに北方のアーキュレイリまでも足を伸ばした。すると北部アイスランド全域からこの紀元千年祭に参加することの可能な人たちは一人残らずやってきて、王様に拝謁したのであった。

　一八七五の春、人々は上機嫌であった。祝いの年が終わったばかりということと、いつになく春が早めにやってきたからであった。復活祭の日となっているイースター・サンデー（キリスト教で、クリスマスに次いで大きな祭りである復活祭の祝日。三月二十一日以降の満月の日のあとにくる最初の日曜日—訳者注）に教会を訪れた人々が口にした言葉は「芝生がとっても青いね。動物たちはとてもかわいいね」であった。アイスランドに定住した人たちが迎える二千年紀はまるで千年紀よりもずっと繁栄していることを約束しているかのようであった。

　翌朝、アイスランドの北東に住む人びとが目を覚ましたとき、空はまだ暗かった。一晩中、活火山群のデューングルヨウルが爆発を繰り返し、太陽が覆い隠されてしまうほど、大量の火山灰が大気中に撒き散らされていた。こうし

て空は三日間明るくなることはなかった。火山灰が吹き飛ばされて積もり、アイスランドの北東にある牧場や干草畑はすっかり火山灰に覆われてしまっていた。沿岸部ではほんの七～八センチの灰しか積もっていなかったので、農場主たちの中にはスコップで灰をすくって畝(うね)を作り、できるだけ多くの耕作地に陽の光を当て、わずかでも家畜用の干草を栽培しようとする者もいた。冬用の物資はすべて使い尽くしてしまい、家畜が食べるものは何もなくなっていた。農家の多くは羊や馬をほぼ全部失ってしまったが、それは生き残った家畜が飢(う)えた人々の食料として、屠殺されたからであった。

　夏が終わるころ、人間も餓死しかかっていた。動物はほとんどいなくなり、菜園用の土地も牧場もなくなり、食糧はほとんど何も残っていなかった。その年の秋と冬、スィグトリュッギュル・ヨウナスソンはその地方を見てまわり、アイスランド人の北米への開拓入植のための会合を開いたり、講演を行ったりした。彼は餓死寸前の人々に、魚がいっぱいあふれている湖のそばの土地を無料で与える約束をした。こんな大変苦しい時であるから、この機会に他の地域のアイスランド人と一緒に新しい土地でもういちどやり直すことができるということはたいへん魅力的な話であった。一二〇〇人がスィグトリュッギュルと契約を結び、翌年の春に北米に向かうことになった。

開拓道路

　一八七六年の夏、カナダ政府はニューアイスランドに調査隊を派遣して、一本の道路に境界線を引かせた。それはニューアイスランドの南端にあたるバウンダリ・クリークから五十キロ北方のランディに至る道路のことである。新移住地とウィニペグをつなぐために、＜開拓道路＞が南方のネットリ・クリークまで延長されたが、そこはウィニペグが出発点となる道路の終点になっていた。道路工事の事業を計画することによって、開拓移住者の多くが仕事にありついたわけである。そうでなければ、その夏、入植者は職探しをして、ニューアイスランドを離れなければならなくなるところであった。精一杯の装備や資材を駆使してできる限りの努力をしてみたものの、できあがった道路はあまり立派なものにはならなかった。

　日当六～七十セントの賃金は高いとはいえなかった。だが、アイスランド人の若者の多くは道路作業員の仕事にありついた。開拓地の女の子たちは道路作業員用テントで料理番として雇われ、男性と同等の賃金を得た。低賃金でもあまり不満はもれなかった。それは作業員に与えられた食料も寝泊りする場所も自宅で賄えるものをはるかに凌駕する良質のものであったからであった。

　道路工事はほとんどアイスランド人が行った。調査が完了すると早速、男たちは幅七メートルの細長い土地に生えている木や下生の除去に取りかかった。木を切り倒しては、

運び出す。根っこもできる限り掘り起こす。除草をする。掘った穴は埋める。低過ぎる場所には土を運んできて埋める。労働時間は長かったが、夕方になれば、作業員はキャンプファイアを取り囲んでくつろぎ、歌を歌ったり、詩を朗誦したりして楽しんだ。

道路は完成したものの、春にはほとんど通行することはできなかった。夏になっても秋になっても、土砂降りになると、一面が泥の海。凍結し、雪に覆われる冬が行動するのにはもっとも好ましかった。当時、砂利を敷いて道路修繕する手立(てだて)などは考えつかなかった。そのような馬力も人力も思いつかなかった。地方自治体が道路の維持と補修に金を出す余裕がでてくるのはずっと後になってからのことであった。

つまり、カナダ政府は一万五〇〇ドルの費用を費やして、道路調査と工事をおこない、今や長さは八十キロにわたる開拓道路をひとまず完成させ、ニューアイスランドを道路によってマニトバ州とつなげたのである。

ヘクラ島

　一八七六年、マグヌース・ハルグリームスソンはヘクラ島ではじめて自作農場を経営することになった。そのうえ、当時この島で操業中の製材所の仕事も入手した。一八七六年の半ばすぎ、数家族がヘクラ島に移住してきて、東側に定住した。アイスランド人たちはこの島を＜ミクレイ＞、つまり＜大島＞と名付けた。一八七八年にはさらに六家族がやってきて、ミクレイに定住した。先にこの島にやってきていた友人たちにこの島の生活のすばらしさを熱心に吹聴されたからに他ならなかった。

　マグヌース・ハルグリームスソンがミクレイ最初の郵便局長となった。この人は自宅を郵便局に改装してしまった。郵便局は＜ヘクラ＞と呼ばれるようになり、しまいには島民でない人も、島全体をヘクラという名前で呼ぶようになった。

　働き手が職場を離れたため、一八七八年ころには製材所はもう使われなくなっていたが、ただ一人トマス・ホールクロウという男が製材所と会社の所有物の管理人として居残っていた。この男は小さな商店を経営していたので、アイスランド人は小麦粉、コーヒー、赤砂糖、仕事着、カラス麦をローラーでつぶしたもの、材木などをこの店で買うことができた。この男のあだ名は＜利かん気トム＞。自分はアイスランド人よりも立派だと思いこみ、アイスランド人を相手にすると、知らず、ぶっきらぼうになってしま

う。しかしながら、つっぱる態度とは裏腹に心は優しい人であった。アンナという名前の女性を恋し、結婚した。アンナはマグヌース・ハルグリームスソン家に宿を借りていた。結婚して、激しい気性がいくぶんかは和いだといわれている。

ヘクラ島の生活はたいへん孤立的であった。島の外の世界とはほとんど接触がなく、自給自足の生活共同体に近いものであった。島民は羊や牛を飼い、その肉や乳を食料とし、羊毛やなめし革は衣服や靴として利用していた。どこの家庭にも菜園があり、男たちのほとんどが漁師であった。

ミクレイのアイスランド人の主要な仕事は漁業で、魚はなくてはならぬ大事な食物だった。魚の大部分が船積みされて、セルカークやウィニペグへ運ばれ、そのあと米国やカナダの大きな市場へ輸送されて、そこで販売された。私用として保存しておくための魚は、通常、燻製にしたり乾燥したりして、夏の間、腐敗しないようにした。燻製にはサケ科のホワイトフィシュやナマズが、乾燥にはカワカマスが使われた。

ヘクラ島には商店は一軒しかなく、アイスランド人は自分たちでは生産できない必需品をその店で手にいれていた。店は通常、バーター方式で運営されていて、アイスランド人は使いきれずに余っている産物と小麦粉、塩、砂糖、衣服のようなものを交換した。

ニューアイスランドの初期の政府

　一八七五年の冬、ニューアイスランドに入植した最初のグループは五人委員会のメンバーを選び、統治組織を作った。この委員会の主たる目的は政府貸付金の配分を監督することであった。この委員会は＜村議会＞の名前で呼ばれていたが、春になると、ニューアイスランドの他の地域へ引っ越した委員もいたので、委員がもはや選ばれた地域の出身というわけにはいかなくなった。

　この最初の村議会の構成員はオウラヴュル・オウラフスソン、フリズヨウン・フリズリクスソン、ヨウハンネス・マグヌスソン、ヤコプ・ヨウンスソン、それにジョン・テイラーだった。この人たちの役割は憲法草案ができて、自治組織が常置されるまでの臨時政府を作ることであった。最初の議会で決められたことはキーウェイティン地区に対する支配権をもっていたマニトバ州のモリス副総督へ書簡を出すことであった。その書簡で、入植した土地の測量、郵便局、入植地内の道路建設を要求し、三件とも即座に承認された。モリス副総督はジョン・テイラーとオウラヴュル・オウラフスソンを治安判事に任命したが、一八七七年七月のジョン・テイラーの報告によると、事件は一件も発生しなかった。

　ジョン・テイラーはカナダ政府より任命を受けて、ニューアイスランドの諸事に当っていたが、その仕事のほとんどが政府貸付金の管理に関係していた。スィグトリュッギュ

ル・ヨウナスソンは一八七六年に入植地に戻ると、カナダ政府からアイスランド土地周旋人助手に任命され、その後、ジョン・テイラーの貸付管理の手伝いをすることになった。

一八七七年の一月にギムリとランディで開かれた公開の会合で、他の事柄とともに入植地政府のことが論議された。この二か所の会合のいずれでも、五人から成る委員会が入植地政府の憲法草案を起草するように任命されていた。二つのグループの意見を取り入れて、最終草稿がまとめられた。この憲法は一八七七年二月、ギムリの総会で票決によって承認された。

ニューアイスランド入植地は憲法によって次の四地区に区分けされる。
一．ヴィージネスビッグズ、つまりウィローポイント地区
二．アルネスビッグズ、つまりアルネス地区
三．フルイェーツビッグズ、つまりアイスランド・リヴァー地区
四．ミクレイヤルビッグズ、つまりヘクラ島地区

各地区とも五人の議員が選ばれ、このうち一人が地区議会の議長に、さらにもう一人が議長代理に指名された。議会は道路、貧者の世話、寡婦援助、未成年者保護監督といった地方に生ずる問題に注意を払った。議長は毎年、それぞれの地区住民の誕生および死亡記録をつけ、農場主一人ひとりの小作用の耕作地について報告した。この報告書

はきわめて詳細なもので、農場主が田畑から得る収穫だけでなく、羊や牛の一頭にいたるまでも記録されているほどであった。

　各地区の議員たちは全員で、＜シングラズ＞という名前の地方議会の構成員を選出した。各地区から一人ずつ選出された四人の議員と、一人の議長がこの地方議会を構成する。構成員が責任をもつ重要な仕事の一つはカナダ政府およびキーウェイティン地区の政府とニューアイスランド入植地との間にある諸問題を取り扱うことだった。各地区の議会を監督し、必要な場合は地区議会の議長に助言忠告することも職責に含まれていた。スィグトリュッギュル・ヨウナソンが地方議会の初代議長に、フリズヨウン・フリズリクスソンが初代議長代理に選ばれた。

　地方議会＜シングラズ＞と地区議会＜ディストリクト・カウンスル＞の双方の尽力によって、入植者たちの生活状態は満足のいくほど向上した。入植地の道路はおおかた改善され、きわめて重要な統計面の記録は細大漏らさず保存された。地方政府はニューアイスランドがマニトバ州に組込まれるまで、このような状態が続いていた。

　ニューアイスランド政府は特異の状況にあったため、法律上の問題ではマニトバ州の支配権が適用されなかった。ルイ・リエル＊はマニトバ州ではお尋ね者の無法者だったのに、ニューアイスランドに入ると、カナダ兵に捕らえられる恐れもなく、安心していられた。それで少なくとも一

回はニューアイスランド内を旅したことが知られている。ギムリの郵便局長であったピィェーチュル・パウルスソンはある時、ルイ・リエルが部下の何人かを伴って、アイスランド人の入植地を通過したことがあると語っている。ルイ・リエルとその一派は郵便局長の家に立寄ったことがあり、そのためピィェーチュル家の者はこのメティス＊＊のリーダーの黒味を帯びた目が輝いていたのをその後いつまでも覚えていたのである。

　（＊、＊＊―ルイ・リエルは一八六七年に＜カナダ自治領＞が成立したのをうけて、現在のウィニペグ市周辺のレッド・リヴァー入植地に住むメティス［フランス系のカナダ人と先住民の混血］を率いて、時の政府に反抗し、いわゆる＜レッド・リヴァー蜂起＞を指導したリーダー。この後も、メティスと先住民であるインディアン―ファースト・アメリカンという語を使用するのが適切であるが、原著者に従う―を率いて、大規模な武装蜂起を行い、一八八五年、現在のサスカチュワン州リジャイナで捕らえられ、処刑された―訳者注）

天然痘

　一八七六年から一八七七年にかけての冬、天然痘が蔓延した。十一月二十七日、入植地全域が検疫を受け、またマニトバ州から切り離されてしまった。検疫の決まりが厳格に実施されたのである。この病気に罹っていた者はネットリ・クリークの検疫所で入浴し、新しい服に着替えてはじめて、入植地から南の方へ行くことができた。病気に罹っていない者もクリーク（リヴァーより小さい支流・小川─訳者注）を横切る許可を得るのに、二週間ほど検疫所で待機しなければならなかった。その場合も、入浴し、服の交換をしなければならなかった。入植地から着てきた衣類は全部汚染されているとみなされ、焼却された。入植地から発送される手紙はどれも、消毒剤のフェノール（石炭酸）に浸して滅菌された。このようなことをしたため、手紙はほとんど判読できないほどだった。しかし政府はこの慣行は天然痘対策としては必要不可欠であるといって、これに対する疑義にはいっさい聞く耳を持ちあわせなかった。

　検疫所をうまく利用した者もいた。つまり、おんぼろの服をまとい、ひどい身なりをして検疫所へ行き、二週間ほど無銭飲食をしたうえに、新しい衣服までひと揃いもらった者がいた。新品の服を着てニューアイスランドに現れた人は「お見受けするところ、アメリカ国境まで行って来られたようですね」と揶揄されたものであった。

　ギムリにある自治政府の倉庫が病院代わりに使われた。

病人は自宅にいるより病院のほうが手厚い看護がうけられた。マニトバ州やカナダ政府から三人の医者が入植地に派遣されたが、病院に必要な医療器具や食料は十分とはいえなかった。

　検疫の規制があるため、アイスランド人は入植地の外で職を得ることもできず、また自分たちのみならず、入植地の仲間たちの必需品を買うこともできない状態であった。アイスランド人が政府の規制に応じたあとでも、隣のマニトバ州に住む人々の間にはまだまだ不安が広がっていた。マニトバ州の人たちはアイスランド人に近づくと、病気に感染するのではないかと恐れたのであった。アイスランド人はその冬、自分たちでも獲れる魚以外の食料品は政府にたよらざるを得なかった。その冬、入植地にいたアイスランド人は一五〇〇人で、なけなしの金で食料品が買える人もいはしたが、飢えを防ぐには、それだけでは十分とはいえなかった。ウィニペグから運ばれてきた品物や郵便は検疫所前の雪の上に放り投げられ、そこに置かれたままにしてあるのをアイスランド人がたまたま見つけるという具合であった。ウィニペグからの手紙がギムリに届くのに四十日かかることもあった。ニューアイスランドに定住した者が特に郵便を心待ちにしていたのにはわけがあった。彼らはついこの間アイスランドで財産を売却したので、その金が届くのを待ち焦がれていたのであった。

　暦で冬にあたるトーリ（アイスランド語で「冬の四番目の月」の意味で、一月半ばから二月半ばまでをいう―訳者

注)の最初の月曜日に、スィグルジュル・クリストフェルスソンとキャリー・テイラーが結婚した。風変わりな結婚式で、入植地には牧師がいなかったので、メティス(フランス系カナダ人と先住民の混血児[「ニューアイスランドの初期の政府」の注参照]—訳者注)の牧師に検疫所で出迎えてもらえるように手はずをととのえていた。よく晴れてはいたが、かの寒さの中、新郎新婦はネットリ・クリークの北の河岸に、一方牧師の方は南の河岸に立っていた。そこで結婚式が行われた。クリークをはさんで、三人が大声で叫びながら誓いの言葉のやりとりをした。

強制検疫期間が長期にわたっていたため、菜園や作付け用の種の配給がなければ、定住者たちは全員餓死という事態に直面するところであった。フリズヨウン・フリズリクスソンはジャガイモや野菜の種を調達するために、ウィニペグに行くことを応諾した。この人は以前、検疫所の前を通ったことがあるのに感染などすることはなかった。またそのとき以来、入植地でこの病気の発生は起こっていなかった

フリズヨウンはネットリ・クリークの検疫所から少し離れた所で、インディアンの二人の女性に出会ったので、向こう岸まで渡してほしいと依頼したが、見事に断られてしまった。インディアンの女性たちは入植地で流行っている病気のうわさを聞いており、病気がうつることを恐れていた。フリズヨウンは二人を脅して、こう警告した:
「こんなことをすると、アイスランド人たちがあなたた

ちを捜し出して捕らえ、そのうえあなたがたの家族までも襲撃するかもしれないよ」

かわいそうなインディアンの女性たちは恐れをなして、不承不承に彼を渡し舟でクリークの向こう岸に渡してはくれたが、フリズヨウンが差し出した金はいっさい受け取らず、大急いで櫂を漕いで去って行ってしまった。

ウィニペグに着いたフリズヨウンは必要な物資を買い入れると、ニューアイスランドまで種を運ぶための艀(はしけ)を調達した。ネットリの河川警護官は蚊駆除のための蚊遣火(かやりび)の煙に包まれていて、検疫を受けずに通過してしまった男を探していたはずなのに、その人間の見分けもつかず、フリズヨウンを見落としてしまった。フリズヨウンが入植地に帰り着くと、入植地のアイスランド人たちから一斉に歓迎の喝さいを受けた。

ニューアイスランドで最後の天然痘患者が発生してから四か月以上を経た、一八七七年の七月二十日、ようやく検疫は解かれた。つまるところ、三人に二人がこの病気に感染し、一〇二人が亡くなり、生存者もその後死ぬまで病気による瘢痕(はんこん)が残ったのである。

ニューアイスランドの郵便

　ニューアイスランド議会は一八七七年にマニトバ州の副総督に三つの要求を具申した。その一つは入植地内に郵便局を作ることであった。同年、このもっともな要求はマニトバ州政府の認可するところとなったが、新入植地で郵便事業を始めることはなまやさしいことではなかった。郵便物の配達はすべて、入植地に届けられる場合も入植地から運び出される場合も、徒歩であった。郵便局は二度移転し、また最初の二年間は郵便局は存在しなかった。入植者は郵便をとても大事だと考えていた。それは、ほとんどの入植者が母国アイスランドやアイスランド人入植地の親戚や友人と文通していたからである。

　一八七七年、ギムリの倉庫に最初の郵便局が開設されたとき、倉庫管理人でもあったフリズヨウン・フリズリクスソンが郵便局長に指名された。一八八一年、郵便局はランディに移転し、＜アイスランド・リヴァー郵便局＞と命名された。フリズヨウンが引き続き郵便局長であった。アイスランド・リヴァーからクランデボイまで、往復一四〇キロの郵便物集配に一人の配達人が雇われた。配達回りは月に二度であったが、地面やウィニペグ湖が凍結していた冬場のほうがずっと容易であった。

　最初に郵便配達人になったハウルフダウン・スィグムンズソンが仕事について、
　「駆けることはたやすいことでしたから、あまり疲れる

というようなことはありませんでした」と書き残している。また、ことのほか骨折った一八八三年一月の配達回りについても、次のような報告がある。

　ハウルフダウンが郵便物をもって、夜明けにアイスランド・リヴァーを離れたときは嵐が吹きあれていたという。雪の舞う中を暴風に逆らって配達することは困難であったが、正午までに十六キロばかり離れたドランクン・ポイントのステファウン・スィグルズススソンの家にたどり着いた。ハウルフダウンは配達の途中、食事と休憩のために定期的に四軒の家に立ち寄っていた。スィグルズススソン家はそういう家の一軒だった。ステファウンは嵐が収まるまで出発を待つように進言したが、ハウルフダウンはぽつぽつ出かけるといってなかなかききいれない。ハウルフダウンは次の休憩地ギムリに果して到着できるかどうか、やがて、いぶかるようになってきた。時々吹いてくる風に背中を向けて歩き、目や口について凍った雪が溶けるようにした。夜が来て、暗くなった。すっかり疲れてしまった。それまでに汗をかいていたので、衣服も凍ってこちこちになってきた。しまいには、からだが冷えたうえに、疲れもあり、雪のなかにくずおれて、眠ってしまったような感じがした。すると突然、「光をみよ！」という声が聞こえてきたので、立ちあがりしばらく歩いた。と、その時、すぐ目の前に一筋の光線が見えてきた。ハウルフダウンはその光を追って、ピィェーチュル・パウルスソンの家まで行き、食べ物と乾いた服をもらいうけ。パウルスソン家でその夜を過ごし、翌日、クランデボイまで配達の仕事を続けた。あの厳

しい天候に遭遇しても、なんら痛痒(つうよう)を感じなかったのである。ハウルフダウンがあとで語った話では、そのとき以来、光と友人宅に導いてくれたあの声を思い出すたびに、幸せいっぱいな気持ちになるのであるという。

　ゲスチュール・オッドレイフスソンも郵便配達人の一人で、長年、マニトバ州とニューアイスランド間を担当していた。この人の場合、冬場は馬と橇を利用し、夏場はほとんど徒歩であった。

　春のある日のこと、ゲスチュールがセルカークの郵便物を運んでいると、ネットリ・クリークとバウンダリ・クリークの水が土手からあふれ出ている。潮の流れが激しくても、氾濫しているクリークに半解の氷があっても、郵便配達業務を止めるわけにはいかない。ゲスチュールは背中に郵便袋を背負って、クリークを泳いで渡り、配達の仕事を続行した。

　一八八四年から一八八六年まではニューアイスランドに郵便局は一つもなかった。一八八六年、ギムリに郵便局が再開され、ピィェーチュル・パウルスソンが郵便局長となった。一八八七年、ピィェーチュルのあとをうけて、グヴュズニ・ソルステインスソンが郵便局長になった。そのとき以来、ニューアイスランドで正式に郵便事業が行われ、アルネス、フネイサ、ゲイシル、イーサフォルド、ヘクラといった入植地の中心の町にも郵便局が開設されるようになる。ニューアイスランドに定住した人は他の

地域のアイスランド人と接触を保ち続けたいと願っていたが、それを可能ならしめたのはこのような郵便による結びつきだった。

ダフェリン卿の訪問

　一八七七年八月、新入植地は著名な訪問客を迎えることになった。カナダ総督ダフェリン卿である。アイスランド人は町をあげて、歓迎の準備をした。その努力は無駄にはならなかった。総督はニューアイスランドに感銘をうけ、好意的だった。

　ダフェリン卿がミネソタ州からマニトバ州に入るとき、国境で十七発の礼砲をもって出迎えられた。ウィニペグに到着したときも、その合図として、再度、十七発の礼砲が鳴らされ、ダフェリン卿を称えて、休日が布告された。ウィニペグの住民は花火を打ち上げ、楽隊を行進させて、この賓客を歓待した。

　ダフェリン卿は直接ニューアイスランドにやって来たわけではなかった。ウィニペグの南のレッド・リヴァー沿いにメノナイト（メノ派教徒。十六世紀フリースランドに起こったキリスト教プロテスタントの一派。幼児洗礼や兵役に反対した—訳者注）が六〇〇〇人ほど定住していたが、そのうちの数名をダフェリン卿は訪問し、彼らが裕福そうな社会を築いてきたことに関して賛辞を述べた。今日セルカークという名称になっている町ザ・クロッシングでも熱烈な歓迎をうけた。そこでは「こんなに見事な畑はまれにしか見られない」と公言し、農場主をおおいに賞賛した。ザ・クロッシングにはとても多くのインディアンが集合していて、ダフェリン卿に対して深々と挨拶した。インディアン

たちはからだに彩色を施し、カラフルな衣装をまとい、他の重要な行事と同様に総督とその一行のために歌謡舞踏をささげ、敬意を表した。

ダフェリン卿はザ・クロッシングから気船コルビル号に乗って、まずウィニペグ湖の東側のフォート・アレクサンダー、次に北側のグランド・ラピッズへ旅をつづけた。次の停泊地はランディの予定であったが、コルビル号の船長は当日は強風のため、アイスランド川の河口に入るのはきわめて危険であると判断し、ランディ行きは中止せざるを得なくなった。ランディの人々も大々的に総督を待ちうける準備をしていたので、おおいに落胆したことであった。

その次の停泊地はギムリであった。訪問の準備のために任命されていた委員会のメンバーはダフェリン卿が到着するとすぐに、ダフェリン卿の到着を知らせるため、町に出かけて行った。みんなが集合の準備をしている間に、総督はギムリの各家庭を訪問した。ジョン・テイラーとフリズヨウン・フリズリクスソンの随伴で、ダフェリン卿は町の南を三キロあまり歩いたうえに、農家を何軒か訪問したのであった。一行が戻ってきたときには、およそ一〇〇人が特にこのときのためにあつらえた演壇の前に集まっていた。演壇の周りには、この目的のために切り倒された樅の木が置いてあり、舞台そのものも樅の木の枝で飾られていた。舞台の上には穀物や野菜が陳列されていた。総督は演壇に近づくと、アーチの下をくぐり抜けたが、そのアーチには「歓迎します」という意味の≪VELKOMINN（ヴェ

ルコミン)≫というアイスランド語の文字が書かれていた。その反対側には、≪英国女王万歳≫という文字が書かれていた。

　ダフェリン卿とフリズヨウン・フリズリクスソンが舞台に立ち、フリズリクスソンはニューアイスランドの住民を代表して総督に語りかけ、自分たちはこの新天地で、喜んでイギリス臣民となりますと宣言した。それにこたえてダフェリン卿はヴィクトリア女王の臣民になっても、アイスランド人は自分たちの慣習を忘れる必要はありませんといい、続いて「いかに貧しくても、どの家庭にも二、三十冊の書物が棚に並んでいるのを見ると、ことのほか深い感銘をうける」と述べ、入植地に住む人が、ごく幼い子供以外、誰でも文字が読めることに触れ、十五世紀にクリストファー・コロンブスは北欧サガに書かれているヴィーンランドのことを知るために、アイスランドに行ったのだから、アイスランド人が北米に定住してもおかしくはないということにも言及した。また、コロンブスがそのような新しい土地に関する報告を読んでいなかったら、未知の大西洋に乗り出す勇気はなかっただろうとダフェリン卿は説いた*。

　ダフェリン卿の訪問は入植地の初期の歴史の、実に重要な出来事となった。ダフェリン卿はアイスランド人に温かく迎えられたが、これに対して、入植地についての見解を述べて、アイスランド人を尊敬し、賛美するといった。総督が退く時間になると、ジョン・テイラーの二人の姪ジェ

インとスーザンが小さな船でコルビル号まで案内したいと申し出た。ダフェリン卿はニューアイスランドに入植した人たちが最後に示したこの温かい気持ちを二つ返事で受諾した。

* （西インド航路を発見したことで有名なコロンブスは一四七四年ころから北海、イギリス、アイスランド方面にも赴いたという説があるが、その確証はないようである―訳者注）

ジョン・ラムゼイ

　ランディに初めて定住した人たちに立ちはだかったインディアンのグループの中に背の高いハンサムなジョン・ラムゼイというものがいた。この男は土地の権利をめぐるごたごたが解決すると、アイスランド人に混じって過ごす時間が長くなり、インディアン流の狩猟や漁労の方法をアイスランド人たちに教えてみせた。それと引き換えにアイスランド人たちは自作農場にラムゼイとその家族がティーピー（皮や布を張って作った円錐形のテント小屋―訳者注）を建てることを許した。また、羊毛で作った長手袋やソックスもプレゼントした。アイスランド人はこの手のものを製造することを得意としていた。ジョンはアイスランド人の友人たちに毛皮や食料品を贈り物として届けてきた。

　隣人のアイスランド人たちが苦境にあり、食料がほとんどないことを知ったラムゼイは彼らを何度となく家に招いて、ご馳走をした。テント小屋のジョン・ラムゼイ一家を訪ねた一人のアイスランド人開拓者は一緒に食事するように促された。テント内の地面に雪のように白いリンネルのテーブルクロスが敷いてあり、その上に置かれた見事な陶器に食べ物が盛られていた。そのアイスランド人は用意された食べ物はすべて美味であったと食後に報告している。

　一八七六年の晩秋のある宵のこと、ランディ近くの小さな丸木小屋にアイスランド人の若い女性がたった一人で住んでいた。夫は冬の間家族が使用する必需品を買いにギム

リにでかけていて、家を空けていた。ちょうど子供たちをベッドに寝かせようとしていたとき、突然、聞きなれないもの音がした。顔をあげてみると、背の高い浅黒い肌色の男が入り口に立っていた。男は女性に魚を差し出している。女性は一瞬ぎょっとした。男は魚を下におろすと「みなさんに魚を持ってきました。危害を加えるつもりはありません。どうかわかってください」と身ぶりで伝えた。女性は恐怖心も消え、贈り物の返礼をしたいと考え、あたりを見回した。羊毛で作った夫のソックスを見つけると、彼女はそれをインディアンに差し出した。ラムゼイはギフトを黙って受け取ると、立ち去って行った。ジョン・ラムゼイはその後も何回かこの家族を訪ね、いつも魚か毛皮の贈り物を残していった。

　一八七七年の寒い冬の夕方のこと。ランディ近くの自作農場に住んでいたハルドウル・ヨウンスソンは町から帰宅するところであった。食料が少ししか残っていない家族のことを考えては、みんな腹をすかしていることだろうとこのアイスランド人は思った。家路についている今、持って帰るべき食べ物は何もなかった。すると、夕闇が募っていくなかを自分の方にむかって近づいてくる一人の男に気づいた。それはインディアンで、家族のために魚を持って帰るところであった。魚を素手で持っているが、冷たいだろうなとハルドウルは考えた。自分の手は羊毛の長手袋を二つも重ねて着けているので温かいのだと思った。ハルドウルはそのインディアンを呼びとめて、外側の長手袋をはがして、その男に与えた。ジョン・ラムゼイはその手袋を受

けとると、ハルドウルに持っていた魚を少し与えた。二人とも取引を首尾よくなしとげたことに満足し、家族の待つわが家へ向かった。

　パウル・ヨウンスソン所有の自作農場はゲイシルのキャルトナという所にあったが、一八九〇年ころの冬、ジョンはそこに滞在していた。パウルは自家製の橇（そり）を引かせるための家畜として雄牛を飼っていた。その冬、ジョンは屋敷からそれほど遠くないところで、大鹿を一頭仕留めた。パウルとジョンは雄牛に橇を引かせて現場にもどり、大鹿の肉を持ち帰った。それは塩漬けの魚が並べてある家庭の食卓にはうれしい幸運な恵みであった。

　ジョン・ラムゼイが魚や毛皮や肉をアイスランド人が製作した羊毛のソックスや長手袋と交換した話は種々伝わっている。初期のアイスランド移民の多くはこういった物々交換で大いに救われたのであった。しかし、なんらの礼品も返さずに、贈りものをもらうこともまたよくあった。ジョン・ラムゼイの気前のよさや援助がなければ、初期の定住者はたくさん餓死していたことであろう。

ベティ・ラムゼイの墓

痘瘡（天然痘ともいう―訳者注）の発生中、インディアンのジョン・ラムゼイはアイスランド人の家によく逗留していた。そのため妻と息子は痘瘡の犠牲者となって死去した。ジョンとかわいい娘は生き残ったが、二人とも痘瘡にかかり、苦しめられた。治ったあとに残った発疹で、顔がひどく醜くなってしまった。この伝染病が終わると、ジョンはウィニペグに行き、大理石で妻の墓石を作らせた。大理石の墓石はその地方では初めてのことであった。ジョンにしてみれば、冬の間ずっと罠をしかけて鳥獣をとらえ、得られる収入にも匹敵するくらいの高価な買い物であった。ジョンはその墓石をウィニペグからサンディ・バーにあるアイスランド人の共同墓地まで、自分ひとりで運んでいった。その墓石は痘瘡の伝染病で死んでいった多くのアイスランド人の墓地に建てられたので、長年、墓守りをする人の手で見守られていたが、やがて墓地は使用されなくなり、墓も荒廃してしまった。

　ジョン・ラムゼイが亡くなってから何年もたって、大工仕事をしていたトレイスティ・ヴィグフースソンという若者がアイスランドから北米にやってきた。この男はゲイシル地区に来ると、自作農場を入手し、家族とともに入植した。トレイスティがゲイシル地区に定住してしばらくののちのこと、ある日トレイスティはとてもなまなましい夢を見たのであった。

　夢の中で、気品のある顔をした、背の高いひとりのインディアンがトレイスティのまえにやってきて、ジョン・ラ

ムゼイだと自己紹介をした。

　ジョンは夢の中で、トレイスティに昔、トレイスティの自作農場でビーバーや熊などの野生動物の狩りをしたことがあるという。トレイスティの農地は農業にはたいへん適した場所となるだろうとジョンは予言し、さらにつけ加えて、肥えた農地にするには、開墾や排水などいろいろとやらなければならないことがありますよといった。

　それからジョン・ラムゼイはなぜ夢に現われたかという一番大事な話に移った。妻の墓の周囲にとがり杭(くい)を打って、杭垣(くいかき)を築いてもらいたい。大理石の墓石には、ベッツィ・ラムゼイと名前が彫ってあるので、すぐにわかるはずだという。

　トレイスティは自分が貧乏人で、家族を養う余裕がないほどであるといって、すぐには承知しなかった。頼まれた仕事に必要な材料を手にいれるのには費用もかかるので、トレイスティはニューアイスランド内で、自分に代わって、その仕事をしてくれそうな何人かの腕の立つ大工の名前を挙げた。ラムゼイはそれに答えて、その大工の何人かは知っているが、彼らは聞く耳をもたないだろうといった。さらに、この仕事をしてもらっても、夢の世界と現実の世界は＜大きな溝＞でへだてられているのだから、報酬の支払いはできないという。ラムゼイは西の方角を指さし、自分は今あそこに住んでいるのだといった。トレイスティがその方角を見ると、眼前にその土地の風景が現れ、トレイスティ

はその光景に恐れ慄(おのの)いてしまった。トレイスティは夢に現れたこの男のために、言われた仕事はいたしましょうと思わず答えてしまった。

トレイスティは杭垣用の杭作りに取りかかったが、農場の仕事も忙しく、作リ終えたのは翌年の晩夏のころであった。杭垣にする杭などの材料を牛の引く荷車にのせて、出かけていった。途中、墓の近くの湖岸に面した農場に立ちより、そこにいた漁師たちに、仕事を終えたら、魚を買って帰りたいがと尋ねてみた。漁師からはこの時期は漁労が少なくて、販売用の魚は一匹もないとの返答が戻ってきた。

サンディ・バーに来てみると、夢に出てきた墓石はすぐに見つかったので、トレイスティは墓地の雑草を刈り取り、きれいにし始めた。ずいぶんと時間がかかり、日暮れまでに終わらなかったので、サンディ・バーの農夫のところへ行き、ひと晩、泊めてくれるように頼んだ。すると農夫は宿賃などは受けとろうとせず、快諾してくれた。

翌朝、農夫はしかけた魚網を引き上げに湖に行った。トレイスティはまた墓地にもどり、念をいれて、墓の周囲に杭垣をめぐらした。家路につく準備をしているちょうどそのとき、農夫がやってきて、午前中をまるまる費やして取った獲物—魚がいっぱいはいつた袋を二つ、トレイスティに手渡しながら、「親切にすると、お返えしがあるんですよね」といった。
　トレイスティは任務を果したことに対する報酬にたいそ

う満足して帰宅した。彼の感ずるところでは、この日の朝、サンディ・バーのあの農夫が魚をたくさん獲とることを確信してやまない人がいたようであった。

入植地の牧師たち

アイスランド国教会はルター派に属している。カナダにやってきた入植者たちは新天地でもアイスランド・ルター派の伝統を維持し続けたいと思っていた。入植者たちは牧師を必要としていたので、アイスランドから牧師を招来することができれば、祖国との強固な絆がこのまま確実に保持できると考えた。そこで、ニューアイスランドに移住した最初の年の冬、みなで宗教問題を議論した。定住者のなかには米国ミネソタ州のミネアポリスに住んでいるヨウン・ビャルナソン尊師と接触していたものもおり、彼らはこの人こそ牧師職にふさわしい人物と考えた。そうしてその職を引き受けてくれるように依頼状を書き送ったが、手伝うことはできないという返事が返ってきた。

一八七六年の秋、パウル・ソルラクスソン尊師がニューアイスランド入植地に手紙を書き、定住者に奉仕する牧師としての責務を引き受けたい旨の申し出をした。パウルはすぐさまニューアイスランドに来る心づもりであったが、ミネソタ州に赴き、その地のノルウェー人社会の牧師となって居座ってしまった。

一八七七年、定住者たちは会合を開いて、牧師探しの議論を繰り返した。直ちに判明した事柄はどのような人物を選んだらいいのか、みながみな同じ意見ではないということであった。先に述べた二人は互いに友人であって、同じルター派の信仰をもっていはしたが、仕事ぶりは完全に異

なっていた。ヨウン・ビャルナソン尊師はアイスランドの牧師職に就くように教育されていたので、アイスランドにいた時と同様に、ルター派の教義を守りたいと願っていた。パウル・ソルラクスソン尊師は米国ミズーリ州の神学校で、ノルウェー教会会議に基づいた教育を受けていた。パウル尊師の教えはアイスランド・ルター派教会よりも形式にこだわっていて、厳格であり、その説教方式は説教には慣れているアイスランド人にも厳しいものであった。

ヨウン・ビャルナソン尊師はラウラ夫人同伴で、一八七八年の七月に入植地を訪れ、数日を費やしてニューアイスランドを旅してまわった。二人はニューアイスランドのコミュニティを全部、訪れてまわった。ヨウンは礼拝を行い、子供たちに洗礼名を授け、キリスト信者となる堅信礼を行ない、定住した最初の数年間に創設した学校の再建がなるようにアイスランド人を激励したのであった。

その当時、どのコミュニティでも信徒のグループが結成されていたが、その年の秋、一三〇家族がビャルナソン尊師に嘆願書を郵送して、戻ってきてくれるように願い出た。これに同意した尊師はギムリに戻ってきて、その秋をギムリに逗留して過ごした。そしてそれまでに結成されていた五つの信徒のグループにまじって仕事を開始した。この信徒のグループ名は＜北米アイスランド人・ルター派教会・ソサイアティ＞と命名された。ビャルナソン尊師は一八八〇年の春、アイスランドに帰国するまで、このソサイアティの牧師を勤めた。

ヨウン尊師が着任したのは一八七七年であったが、同年十月に、パウル・ソルラクスソン尊師もまたニューアイスランドにやってきた。別の一二〇家族が嘆願書を送って、それまでに設立されていた信徒のグループを引き継いでくれるように願い出たからであった。三つ信徒のグループに分かれていたこちらの組織は＜ニューアイスランド・ルター派信徒グループ＞と命名された。

　この二人の牧師はアイスランドでは互いに面識があり、かつては友人でもあったが、ニューアイスランドではその友情がいつまでも続くことはなかった。

ニューアイスランドの宗教論争

ニューアイスランドでは二人の牧師、ヨウン・ビャルナソン尊師とパウル・ソルラクスソン尊師をめぐって、一大論争が巻き起こっていた。住民は互いに顔をあわせると、会話は最後にはきまって入植地の宗教問題に関する議論になった。住民は＜ヨウン派＞と＜パウル派＞の二派に分かれてしまって、この宗教論争が入植者をのっぴきならぬ対立に追い込んでしまったのである。二分したことは不幸なことではあったが、別の見方をすれば、この対立は知的生活の兆しでもあり、人々は日常の問題とは違う事柄に関心を示すようになったとも言い得た。この論争は一八七七年に始まったが、一八七八年には会合が頻繁に開催されて、この一件は最高潮に達した。

パウル・ソルラクスソン尊師の心を悩ませていたのは信徒たちが見るからに貧困層に属していることであった。パウルとその＜シンパ＞の多くはこの尊師がかつて代表を務めていたミネソタ州のノルウェー信徒のグループに手紙を書き送り、貧者のための資金援助を求めた。信徒たちに代わって、＜物乞い＞をしてやったのに、パウル尊師に怒りをぶちまけるアイスランド人がたくさんいた。ヨウンの方の＜シンパ＞はアイスランド人の状況がヨウンの言葉ほどにひどくはないと思っていた。その一年は漁獲高にも期待のもてる水揚げの高い年であり、冬の間、乳牛に食べさせるに十分な干草の貯えもできていたので、自分たちの誇りが傷つけられてしまったのである。

一八七七年の秋、アイスランド人にはどうしても避けて通れない事柄が発生した。アイスランド人は印刷機を購入して、それを印刷業者がいるランディに据えつけていた。ヨウン一派はそこで新聞を発行していたが、それはある程度ヨウン・ビャルナソン尊師の神学上の立場を弁護するためであったことと関わりがある。一八七八年三月、二人の牧師の教義を問うために、ニューアイスランドの人々が集う最後の総会がギムリで開かれた。この集会は当日の朝から夜まで、まるまる一日かかり、さらに翌日にまで続いた。新聞《フラムファーリ》がこの集会を出席者数が三〇〇人を下ることはなかったと報じたほどであった。続けて争点になっているいくつかの問題では牧師たちの見解の相違をはっきりさせてくれたとも述べている。とはいえ、この新聞によれば、二人の牧師ともキリスト教の原理から逸脱するようなことは何も述べなかったという。

　伝染病の天然痘はすでに収束していたが、アイスランド人はそれほどほっとした気持ちにはなれなかった。これまで辛抱づよく我慢してきた多くの人たちは豪雨とそれにつづく悲惨な洪水が原因で追い払われる寸前にあった。パウル・ソルラウクスソン尊師はアイスランド人はニューアイスランドで成功する技術も財政上の手段も持ちあわせていないと考えていたので、アイスランド人はここからいち早く逃走する方がよいという説を唱えていた。米国ならもっとずっといい生活ができると考えていた。パウルはミネソタ州で、ノルウェー出身の農夫に混じって、しばらく過ごしたことがあり、その豊かな生活を目にしていた。アイス

ランド人だってノルウェー人と同じような成功を享受できて当然だと考えた。

　一八七八年の夏、パウルと五人の仲間は家族が落ちつくことのできる適切な移動場所を探しに出かけていった。一行は現在のノースダコタ州ペムビナ郡のレッド・リヴァー・ヴァリーに定住者のいない土地を確保した。当時、その地域はダコタ・テリトリー（準州）と呼ばれていた＊。多くの家族がダコタ・テリトリーに向けて出発したが、パウル一派がほとんどを占めていた。このパウル一派がその地にやってきた最初の定住者であった。それまでの入植地であるニューアイスランドを離れる前に、カナダ政府から供与された乳牛と政府ローンとして支給されたもののうち、残存しているもの一切を返却した。祖国のアイスランドから初めて移住してきた多くの人がダコタ・テリトリーのアイスランド人と合流し、そこに大きなアイスランド人開拓地を建設することにした。

　それから数年の間に、引き続き、ニューアイスランドから人々が移住して行った。ダコタ以外の場所に移住する者もいて、マニトバ州のアーガイルやウィニペグに再定住する者もいた。のちに、サスカチュワン州に行き、フォームレイク、ウインヤード、さらにチャーチブリッジに、アイスランド人社会を築いた人たちもいる。ニューアイスランドからの脱出は細々と続いて、一八七八年には四〇〇家族であったものが、一八八六年にわずか五十家族になってしまった。ニューアイスランドを離れることを選んだ者は入

植地にたいする忠誠心はあったが、宗教論争こそが再移住の決心を固めた要因だったのである。

ヨウン・ビャルナソン尊師は、一八八〇年にアイスランドに向けて発つ前に、自分の信徒たちをハルドウル・ブレイム尊師に託した。このブレイム尊師も一年後にはそこを離れ、ミネソタ州に移動してしまった。

かくてニューアイスランド入植地は再度、牧師不在の地となり、一八八七年の夏、ようやくこの空席が埋まることになった。マグヌース・スカプタソン尊師がアイスランドからやってきて、＜北米アイスランド人福音ルター派・チャーチ・ソサイアティ＞と称する新しい信徒グループを組織した。スカプタソン尊師は当初このグループとともに活動していたが、一八九一年にユニテリアン派（キリスト教で正統信仰である三位一体説を否定し、神が唯一の実在であることを主張するプロテスタントの一教派—訳者注）の教義に傾いていき、やがてその宗派の牧師に変節してしまった。

＊ダコタ・テリトリー（準州）—準州は州としては認められなかったが、独自の議会が存在し、大統領によって指名、上院によって承認された知事などが統治した地域。ノースダコタは一八八九年十一月二日、三十九番目にアメリカ合衆国に加わる。「ニューアイスランドへの道中で」参照—訳者注

ウィニペグ湖周辺のアイスランド人関連地名

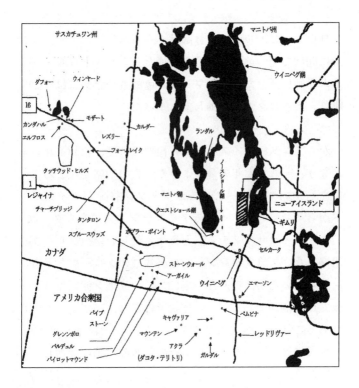

(訳者挿入)

フラムファーリ

　北米のアイスランド人には到着したはじめのころから、自分たち独自の新聞を発行するという夢があった。これは地域社会の問題や世界の出来事をアイスランド人に周知させる手段になると考えたからである。アイスランド語の新聞があれば、母国との新たな絆が結ばれるし、若い世代がアイスランドの言語と文化を保持するのにも役立つことであろう。

　ウイスコンシン州のミルウォーキーに移住したアイスランド人たちは一八七四年に新聞発行の可能性を議論していた。しかしそのころにはまだなんら得るものはなかった。ニューアイスランド入植地が創設されてようやく、新聞発行の夢が具体化しはじめた。初年度は住居を建てたり、農業用地の開墾で忙しかった。農作業の時間が割けるようになるとすぐ、新聞発行の計画に着手した。一八七六年から一八七七年にいたる冬の間は伝染病の天然痘と戦っていたため、新聞発行の計画が立てられなかった。天然痘の勢いが収まってきた一八七七年の一月、ようやく新聞発行の計画を推し進めることにした。

　アイスランド人社会のリーダーたちは何回か会合を開いた。最初は一月十三日にランディで、ついで一月二十二日にギムリで、さらに一月二十六日に再度ランディで開いた。会合を重ねて、印刷機と必要資材を購入することで意見の一致をみ、印刷業設立の責任者たちは会社の株を売却して、

印刷機の資金を調達した。株はすぐ売れたので、印刷機、活字、その他の必要資材の購入に十分な資金が集まった。備品が到着し、ランディの丸太小屋に設置され、一八七七年九月十日、最初の新聞が発行されることになった。

ニューアイスランドの住民はみな新聞発行に大変興味をいだいていたが、組織作りの最大の功労者はスィグトリュッギュル・ヨウナスソンであった。スィグトリュッギュルの取組みに義理の兄にあたるヨウハン・ブリエムとフリズヨウン・フリズリクスソンも加わり、これら三人で＜フラムファーリ印刷会社＞の理事会は構成された。

新聞は最初の八号までは編集長名なしで発行された。が、スィグトリュッギュル・ヨウナスソンが初代の編集長だったことは確かである。第九号の発行ではヨハン・ブリエムのいとこにあたるハルドウル・ブリエムが編集長になった。

新聞は二年間発行された。毎回、約六百部印刷され、北米とアイスランドの双方の人々が《フラムファーリ》に寄稿した。発行号数は一八八〇年一月三十日の最後の定期刊行まで全部あわせると、七十五号になる。さらに一八八〇年四月スィグトリュッギュル・ヨウナスソンは最後の新聞を号外として発行した。

《フラムファーリ》にはいろいろな話題が掲載された。ニューアイスランド入植地やそのすぐ周辺の地域に関する記事がたくさん発表されている。新たに移民として入って

きた人に対する指示および、昔も今も変わらず、飢えと貧困に立ち向かっていることを扱った記事の特集もあった。本国アイスランドから投稿した人もいたが、ブラジル、メキシコ、アメリカ合衆国、カナダのノヴァ・スコシア州などの南米や北米の至るところにいるアイスランド人たちも投稿した。この新聞には普段はロシア人とトルコ人の戦争（十七 - 十九世紀のロシアとオスマントルコ間の戦争、つまり不凍港を求めて、黒海から地中海への進出を図ったロシアの政策を発端として起った、いわゆる露土戦争—訳者注）のニュースのような時事問題や発明家トマス・エディソンなどの記事も掲載された。農業や園芸に役立つ記事もたくさんあり、料理法の記事やジョークも頻繁に発表されていた。

新聞にはほとんどの場合その内容を英語で要約したものがついていた。このようにして定住者たちは移民としてやってきた新しい国の言語の習得を奨励されたのである。

どの号でもかなりのスペースを占めていたのはニューアイスランドの住民間の宗教問題に関する論争記事であった。両者の議論は烈しさを増し、両者とも負った傷を癒すのに時間がかかった。この論争が原因で多くの定住者がニューアイスランド入植地を離れ、北米のいたるところに新アイスランド開拓地を作ることになった。

この新聞は二年あまりに亘って発行されたにすぎなかったが、ニューアイスランド発展史上きわめて重要な役割を

果たしたことは明らかである。ニューアイスランド開拓入植地に関する記事には当時、日々発生する重要な出来事が解説され、報じられていた。

スィグトリュッギュル・ヨウナスソン

　スィグトリュッギュル・ヨウナスソンは一八五二年、アイスランド北部のオックソナダーリュルのバッキで生まれ、若かりしころ法律事務所で働いている。そこでデンマーク語や英語を学ぶ機会があって、すぐに両国語に堪能となった。しかし法律事務所の仕事には満足していなかった。というのも彼は常に行ったこともない場所に旅して、見聞を広めたいという衝動に駆られていたからであった。二十歳のとき、アイスランドを発って、カナダにやって来た。当時、スィグトリュッギュル・ヨウナスソンがカナダ移住の決意を固めたことの重要さがわかっているものは誰もいなかったが、しかし他にも数百人にも及ぶアイスランド人がカナダに移住したのはスィグトリュッギュルの影響大であったことは明らかである。

　同じころアメリカ合衆国へ移住するアイスランド人もいて、彼らはウイスコンシン州やミシガン州に定住していたが、スィグトリュッギュルはカナダ移住を選択した。スィグトリュッギュルこそはヴァイキング時代以来、カナダへ定住した最初のアイスランド人なのである。アメリカ合衆国でなくて、カナダを移住先に選んだのは合衆国の民主的な政府よりも、君主制と議会の伝統を重んじる方に厚い信頼をおいたからだと彼はのちに語っている。南北戦争は終わったばかりで、合衆国の政府はもとの力をとりもどそうと奮闘しているころであった。スィグトリュッギュルは英国式の政治形態について勉強していて、英国と強いつなが

りをもつ国に定住したいと願っていた。

スコットランドから大西洋を横断してケベック州へ行く旅の途中、スィグトリュッギュルはスコットランド人の年寄りに会い、定住する予定の国で役に立つ助言を二つ得た。その第一はカナダの水を飲むときには「ちょっぴりでもいいからウイスキーを一滴」垂らしてからにしなさいということであった。二番目の助言はケベック州や沿海州（カナダの大西洋に接するノヴァ・スコシア、ニュー・ブランズウィック、プリンス・エドワード・アイランドの三州をいう―訳者注）よりも、ずっと西の方に定住するように心がけよといわれたことである。西の方が若者は成功する機会に恵まれるという理由からであった。スィグトリュッギュルは老人の助言のうち二番目の方にしたがい、最初の方はおおかた無視してしまった。

スィグトリュッギュルはもともと積極性に富んだ人間であった。カナダに住居を定めた最初の年、オンタリオ州で鉄道の枕木販売をしている男と組んで仕事をはじめた。翌春、オンタリオ州のムスコカ地区に定住している一一五人のアイスランド人グループに会い、そのときからこのアイスランド人定住者とともに働き、親密度を強めていった。そもそもスィグトリュッギュルにはアイスランド人が移住した新開地が繁栄して、それが移民たちの誇りの源となるようなアイスランド人定住地を築く夢があった。また、スィグトリュッギュルは恒久的なニューアイスランド入植地にふさわしい場所を探し求める探索隊のリーダーであった。

スィグトリュッギュルはこのグループのリーダーとなり、リーダーであり続け、可能な限り長期に亘って、新来の入植者を激励して、カナダの開拓入植地に入ってもらうよう努めた。

スィグトリュッギュルはニューアイスランド入植地の政府組織の有力者となった。オンタリオ州で馴じみのあった都会地の自治形態を導入し、さらにニューアイスランド入植地議会の初代議長ともなった。

新聞≪フラムファーリ≫が一八七七年にランディで発刊されると、初代の編集長となったのはスィグトリュッギュルであった。そのうえ、ランディ開拓地の経済にもかかわった。彼は製材工場を築き、すぐれた輸送機関として汽船を購入し、商品をセルカークやウィニペグの市場へ搬出した。スィグトリュッギュルはその船の船長ともなった。

スィグトリュッギュルは一八九五年にウィニペグのアイスランド語週刊誌≪レークベルク―法の岩―≫の編集長としての仕事を引きうけ、六年間その職にあったが、その間一八九七年にマニトバ州議会に参加した最初のアイスランド人となった。立法府の一員として、ウィニペグからセルカークまでの鉄道が北方のアイスランド人開拓地まで確実に拡張されるよう、懸命に働きかけた。

スィグトリュッギュルは退職後、親戚とはリバートンで、息子とはアルボルグで生活し、一九四二年に他界した。常

に高潔な理想をもった、行動力のある人間であった。スィグトリュッギュル・ヨウナスソンはカナダでの生涯をアイスランド人開拓地の夢の実現のために捧げ、生きてその夢の実現を見届けた。

スィグトリュッギュル・ヨウナスソン像

ニューアイスランドでの恵まれた生活

　これまではニューアイスランドの生活の悲惨な面が多く引き合いに出されてきたけれども、アイスランド人を確実に定住したいという気持ちにさせるような事柄もたくさん存在していた。実は多くの点でニューアイスランドの方が祖国のアイスランドよりは暮らしやすかったのである。

　アイスランド人ははじめてクレディットというものを手にした。カナダ政府はアイスランド人が家庭の必需品、農場、漁労用道具を買う金を貸し出すのにやぶさかではなかった。定住者のほとんどがアイスランドから無一文同然でやってきていた。政府の貸付けのおかげで、今や釣り道具や家畜を十分手にいれることができ、快適な住宅も建てられ、家族はまずまずの生活ができるようになった。冬でもアイスランド人は南のマニトバ州へ行って農場で働くか、またはウィニペグ市に行けば、容易に仕事にありついた。月に十ドルしか稼ぐことができなくても、アイスランドで同じ仕事をするよりはずっと高額益であった。

　アイスランド人は自作農場に生い茂っている木立にはとりわけ深い感動を覚えた。ここにはどんな寒い冬でも、暖をとるのに十分の薪があった。そのうえ必要な住宅用建材や家具用資材があった。アイスランドには豊かな木立ちもなく、人は芝生で葺いた湿った暗い家に住み、火を灯す燃料は惜しみ惜しみ使わなければならなかったのに、カナダにやってくれば、木材が豊富なことも本当にありがたいと

思うのであった。

　冬はニューアイスランドの方が故国よりも寒かったが、天気はこちらの方がいいと思われた。干草作りの時期である夏は故国より長くて乾燥している。秋にあたる十月や十一月もたいていは暖かく、冬がすぐにやって来るようには思われない。冬の猛吹雪はとぎれることなく襲ってくるので、アイスランドは深刻であった。ニューアイスランドへ移住した者は小屋に薪が豊富に蓄えられていて暖かく、居心地は群を抜いて快適であった。家は大木で囲まれていて、荒れ狂う嵐から守られていた。

　ニューアイスランド以外の場所に定住したアイスランド人も新天地でアイスランドの慣習、伝統、言語をそのまま保持するのが大切だと思っていた。アイスランドから移住してきた者はみな聖書や道徳的な講話本や昔のアイスランドの英雄たちが登場する「サガ」のような書物を持参してきていた。ニューアイスランドのどの地区にもアイスランドに関する書物を収めたコミュニティ図書館が設立された。どの家でも家庭学習を実践し、子供たちは就学年齢に達するまえに、アイスランド語の読み書きを教えこまれていた。これが特に北米で重要であった理由はこのような習慣が続くかぎりは、子供や孫がアイスランドの文化遺産を失うことはないという保証になるからであった。

燃えた投票用紙

　一八八六年の地方選挙ではギムリの有権者のほとんどが革新派の候補サミュエル・ジェイコブ・ジャクソンを支持していた。これは一八八一年この地域がマニトバ州と合併して以来、初めての地方選挙であった。ジャクソンと政敵の保守派ヘイゲルが争ったロックウッド選挙区の選挙戦は接戦で、ギムリの投票が選挙の雌雄を決する決定的な要素となる情勢であった。ところが公式結果が記録されないうちに、ギムリの投票箱が燃されてしまったのである。

　投票箱が燃えたことはマニトバ州全体に大きな衝撃を与えた。選挙後、政権を担当した保守党はこの問題を身近なこととして取り上げることをしなかった。選挙の行われた夜、実際に何が起こったのか何もわかっていないが、事実をいろいろ継ぎ合わせてみると、話が真実味を帯びてくる。

　選挙の夜、保守党員ヘイゲル派のチャールズ・スィッバルトと改革党員ジャクソン派のコリン・マクリーンの二人の開票人が馬橇に乗って、ストーンウォールにある＜地区投票本部＞へ向かった。二人が預かった投票箱に入っていた投票用紙は確実に四十枚であった。ギムリの住民に読み上げられた投票結果は改革党三十七票、保守党三票であった。七票は筆記が不適切なため無効票となったが、それでもヘイゲルとジャクソンの得票数の差には大きな隔たりがあった。スィッバルトはストーンウォールまで来るのに、セルカークで新たに橇と御者を雇って、田野や森林を横断

してきた。

　風の吹きすさぶ寒い平原を数時間疾走していると、御者のウィルソンが道に迷ったというので、道を尋ねるために立ち止まることになった。スィッバルトらを招きいれて、暖をとらせてくれたのはニアリという名前の農夫であった。あとになってわかったことであるが、ニアリは保守党の候補者ヘイゲルの友人だった。

　マクリーンとウィルソンが暖炉のそばでからだを暖めていると、スィッバルトとニアリは家を離れ、投票箱を干草の集積場に持って行って、干草の山に火を放った。ウィルソンは馬の様子を見に家の外に出て、たまたまこの現場を目撃したので、急いでとってかえし、マクリーンを呼んだ。残念なことに、取りかえしのつかない事態が起こっていた。投票用紙は燃えて、ぱりぱりのポテトチップのようになっていた。この話はウィルソンがジャクソンの弁護士に語った事柄である。ところがのちにウィルソンはこの話をすっかりすり替えてしまった。

　ストーンウォールにある〈地区投票本部〉にはヘイゲル票が二十一票あり、僅差でジャクソンをリードしていた。ギムリの投票箱が安全に届いていたならば、ギムリの投票結果でジャクソンが勝者だと宣言されていたであろう。異常な状況にあったため、ヘイゲルは敗北を認めるわけにはいかなかった。双方とも文句のつけようのない勝者ではない以上、その年の冬の間中ロックウッドを代表する議員の

席を占める者は在り得なかった。

　ついに政府はこの件にきっぱりと決着をつけるために委員会を設置することになった。委員会は選挙事務官、選挙当日に選挙結果が読み上げられた際、その場に居あわせたギムリの三人の有権者、二人の開票人マクリーンとスィッバルト、橇を操っていた二人の御者、それに農夫のニアリから宣誓証言を聴取した。スィッバルトの証言内容は次のとおりであった。

「十二月十日の宵、ギムリを出発してストーンウォールに向かう途中でした。持っていた投票箱は無傷でした。夜が明けないうちに、農夫のスミスさん宅に着いたので、投票箱は御者に預けたまま、家の中に入って暖をとりました。二時間くらい屋内にいました。外に出てみると、馬銜(はみ)も投票箱もなくなっていました。投票箱を探していると、うずたかく積もったゴミの山の中に置いてありました。そうして投票用紙はゴミと一緒に燃えていました。誰が投票箱に火をつけたのか思い当たりません」

　スィッバルトの証言はつづいた。ギムリの選挙の結果はジャクソン票六票、ヘイゲル票三票で、残りは記入が不適切または不鮮明のため無効となったという。委員会はスィッバルトと他の目撃者の証言をつきあわせて考慮した揚句、ロックウッドの議席を得る勝者は改革派のジャクソンであると宣言した。

ジャクソンはこの事件の再調査を要求した。悪事を働いて、罪を犯したものは逮捕してもらいたいと思ったからだった。警察は、しかし、この件については調査中だといって、彼を納得させたが、結局、ギムリの投票箱を燃やしたかどで逮捕者は一人も出ることはなかった。

ノースダコタのアイスランド人入植地

　アイスランド人がはじめてニューアイスランドからダコタ準州にやってきたのは一八七八年のことであった。パウル・ソルラクスソン尊師はダコタのアイスランド人社会の父と考えられている。それはニューアイスランドの住民にダコタ準州への移住を熱心に勧めたからである。ソルラクスソン尊師はニューアイスランドへの旅の途中、レッド・リヴァー盆地を通過したとき、この地域は移住地として見込みがありそうだとまず考えた。ミネソタ州では農夫たちがいい暮らしをしていることを熟知していたからであった。ニューアイスランドの沼地の多い森林地帯で、漁業や畜産業に懸命の精を出すよりはむしろミネソタ州やダコタ準州のレッド・リヴァー盆地の肥沃な土地で、穀物農業に精進する方がアイスランド人の暮し向きがよくなるのではないかとソルラクスソン尊師は考えたのであった。

　一八七八年の四月、三人の男がニューアイスランドを離れた。ソルラクスソン尊師、スィグルジュル・ビョールンスソン、マグヌース・ステファンスソンの三人はニューアイスランドのアイスランド人が日々の窮乏生活に不満をいだいているので、適切な自作農場を探しにレッド・リヴァー盆地を探索するつもりであった。

　マグヌースはウィニペグでウィニペグ紙≪ザ・スタンダード≫の編集長に会った。編集長のハンター氏との長い話合いのなかでハンター氏はアイスランド人がダコタ準州

のペムビナ盆地に行ってみてはいがかと勧めた。マグヌースはその土地についての編集長の説明にいたく感銘し、その発案(はつあん)を受け入れると、二人の仲間にレッド・リヴァー盆地を踏査する考えを放棄するように説得し、代わりペムビナ盆地に行くことにした。

あとから行くつもりでいたソルラクスソン尊師を残して、二人は早速出発した。二人はハンター氏から手紙を預かっていた。それはペムビナ盆地に住んでいる知り合いの二人に宛てたもので、二人が手を貸してくれるのではというのであった。二人のアイスランド人はその手紙を男たちに届けて、ダコタ準州にやってきた目的を口頭でも述べた。男たちはアイスランド人にペムビナの西にあるキャヴァリアという場所を薦めた。そこにはいい農地があり、自作農場としてまだ持ち主が決まっていないことが判明したので、アイスランド人は忠告を心に留めて、その地を視察した。

ビョールンスソンとステファンスソンの二人のアイスランド人はペムビナに戻り、ソルラクスソン尊師に会った。そこには自分たちでいい自作農場を探そうと思い立ってやってきた数人のアイスランド人がちょうど到着したところであった。アイスランド人全員でメティス（白人、特にフランス系カナダ人と北米インディアンとの混血児—訳者注）のガイドを雇って、キャヴァリアに向かうことになった。ガイドはレッド・リヴァー・カート（木材でできた、牛馬が引く二輪の荷車で、開拓時代に西部でよく使われた。

挿絵参照―訳者注）二両とインディアンが育てた子馬を所有していた。一同はガルダル、ハルソン、マウンテンといった、現在ではノースダコタ州の町となっている広々とした土地を見て回った。

レッド・リヴァー・カート

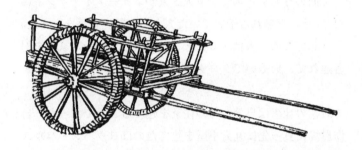

(Gage Canadian Dictionary, 1983 より)

（訳者挿入）

アイスランド人たちはおおいな感動をもってその大地を目にした。そこには巨大な樹木群が聳え、その周囲は草の生い茂った牧場になっていた。西方の地平線上にはペムビナ丘陵が姿を現していた。それはウィニペグ湖岸の平らな田園地帯とはずいぶん異なった風景で、故国の山々が思い出されたのであった。

　一同のうちアイスランド人二人がニューアイスランドに戻り、そこを離れる予定でいた人たちに調査結果を伝えた。そうしてこの二人はすでにそこに待機していた数家族を引き連れて、いそいでダコタ準州に戻った。

　最初の仕事は自分たちの住家を建てることであった。自作農場に真っ先に丸太小屋を建てたのはヨウハン・ハルスソンであったが、普請の手伝いをしたアイスランド人もいた。家作りに従事した人とは別にみんなの料理をつくる者を一人選出した。料理番は仲間全員のパンを作ったようである。この料理番は大きな木の切り株をくりぬいて、そこに小麦粉をいっぱい詰めこみ、小麦粉の中に水を注ぎ、柔らかくなるまで練りあげた。それからパン生地のおおきな塊を取りだし、それを伸ばし、裸火(はだかひ)の上できつね色に焦がして、料理はできあがる。パンは特においしかったわけではない様子で、この料理番にこれ以上を望むことは酷であった。シェフとしての技量を基準に選考すれば、この男がコックに選ばれることはなかったはずである。

　次の二年間にニューアイスランドを離れて、ダコタ準州

に向かった人は数多くいた。ウイスコンシン州やミネソタ州のアイスランド人開拓入植地からダコタに移動した者もいた。ニューアイスランド出身のアイスランド人の多くは貧乏であった。彼らは貧困であるため、ニューアイスランドからダコタ準州までの二五〇キロ以上の距離を徒歩で移動せざるをえなかった。

　ある男は所有している牛の群れを全部、といっても＜政府供与＞のただ一頭の牛を、それをダコタ準州まで連れていく決心をし、ニューアイスランドからその牛に乗って、はるばるマニトバ州とダコタ準州の国境まで行ったところ、アメリカ合衆国への入国許可を得ないうちに、カナダの役人たちがその牛を連れ去ってしまった。妻や子供や所持品を牛のひく荷車に乗せて運んでいくだけの金をもっている人は裕福な暮らしをしている人とみなされたのだった。

ノースダコタ開拓移民

一八九九年の初頭、サイミュンドゥル・ヤコブスソンは妻のヘルガと八人の子供たちとともにアイスランドを離れ、アメリカ合衆国に移住した。一家はアイスランドからロンドンへ行き、そこから北米に向かった。ヤコブスソン一家は先にノースダコタに移住して住みついていた親戚から熱のこもった手紙をもらっていて、それにはノースダコタでは快適な生活ができるということや＜ホームステッド＞と呼ばれる自作農場に定住すれば、入植者は農地が無料で与えられるということが書いてあった。

大海原を越えて英国へ渡り、そこからカナダへ行く船旅は一家にとっては悪夢であった。船尾甲板には乗客が群がっていて、船旅にはなんら楽しいことはなかった。両親は病気にかかっておびえている子供たちを看病しなければならなかったが、両親の腕のなかで死んでしまった子供もいた。ロンドン滞在中とカナダに向かう道中に五人の子供がジフテリアや難儀な旅が原因で死亡した。航行中に子供が生まれたが、とても小さな未熟女児で、母親の介護を必要とした。

一家は七月にケベックで列車に乗り、ウィニペグにやって来た。到着前に有り金はすっかり使い果たしたため、親戚に手紙を書いて、三十ドルの借金を願い出た。親戚は彼らがウィニペグから自作農場を所有しているノースダコタのアクラまで旅がつづけられるように金銭の工面をしなけ

ればならなかった。アクラでは一家は丸太の掘っ立て小屋に落ち着いた。小屋を丹念にごしごしこすって、きれいにしてみたが、小屋にいる害虫は長い間取り除くことができなかった。アイスランド人は昆虫に慣れていないので、虫、蚊、アメリカイヌダニ（森ダニ）には言い知れぬ難儀に耐えねばならなかった。

ヤコブスソン一家は翌春、他の定住者から自作農場の権利を六十ドルで購入して、その農場に移り住んだ。隣人に手伝ってもらい、小さな挽材(ひきざい)を使って、間口四・一メートル、奥行四・四メートルの家を建てた。家には保温装置が施してはなかった。唯一、木材でできた壁には厚みがあったため、冬の寒さを防ぐことができたが、家族が凍え死なないように冬の間中、日夜を問わず、料理用ストーブの火は点けておかざるをえなかった。

ヘルガはアメリカ合衆国内のインディアンにまつわる争いの話をいろいろ聞いていたので、近くに住んでいたインディアンとメティスを怖がっていた。しかしながら、ある夜、たまたまそういう人たちから見本となるような親切なもてなしを受け、以後、土着の人への恐怖心は氷解した。

一九〇一年五月の春のある晴れた日のこと。一家が所有している子牛を家畜小屋から少し離れたところに繋いで遊ばせていた。天候が急に寒くなったので、ヘルガと娘のファニーは子牛を家畜小屋に入れに行った。二人がなかなか戻ってこないので、妹たちは大声をあげて泣きながら探し

はじめた。隣人の一人がその叫び声を聞いて、様子を見にやってきた。その人は他の隣人たちにそのことを伝え、みんなで迷子となった二人の女性の捜索隊を組織した。

　子牛は繋ぎとめられていた木に綱を巻きつけていて、ヘルガとファニーがほどき終えたころには、二人はすっかり方向感覚を失ってしまっていた。しばらく森のなかを歩いたのち、その子牛をまた木に繋ぎ、あたりをなんども歩きまわってみた。我が家は見つからない。家は木を切った跡の狭い空き地に建っていて、空き地の周りには潅木が生えているが、潅木は見覚えのある目印とはならず、完全に迷子になってしまった。二人とも軽い綿のドレスを身につけていた。小さなショールをかけていたヘルガはそれを娘の肩にあてがってやった。雨が降りはじめ、二人はびしょぬれになり、骨の髄まで冷えてしまった。どれくらい歩いたかわからないほど歩いたとき、ようやく前方の木立の間に明かりが見えた。ヘルガは森で夜を過ごし、寒い上に疲れて、これがインディアンの家だったらどうしょうなどとは考えもしなかった。午前二時になっていた。

　二人はその家に住んでいたインディアン夫婦から乾いた服をもらい、暖炉の前の床にベッドを作ってもらって、休むことができた。この二人のアイスランド人女性は英語がほとんどわからなかったが、ファニーは自分たちを招じ入れてくれたインディアン夫妻に＜スクール＞という単語はなんとか伝えることができた。ファニーはその冬、学校に通っていた。

朝になると、インディアンは一組の馬を荷車に繋いで、ヘルガとファニーをその地域に一つしかない校舎まで連れていった。そうしてそこで捜索隊員に会うことができた。アイスランド人女性たちは家に帰りつくことができて、ほっとしたが、その夜の森の中のつらい体験から回復するのに長い時間を要した。

　毎年、夏と秋には夜明けから暗くなるまでサイミュンドュルと息子たちはよその農場で働きつづけた。とても低い賃金で、日当一ドル五十セントにしかならなかった。ヘルガは綿の編み糸を紡いだり、編んだりして、家計を手伝った。完成したソックスは一足二十五セント、長手袋は二十セントで売った。その金で食べ物を購入したり、一家が親戚に借りていた借金の返済をした。稼いだ金でまず借金を返し、それからようやく農耕馬や農機具が購入できた。

　夜長になると、サイミュンドュルは読書をして、ヘルガと大きくなった娘たちは編物をして時を過ごした。多くのアイスランド人家庭はこのように時を過ごすのである。年のいかない子供たちは寝ずに起きていて、父親が読んできかせる物語に耳を傾ける。聞いている最中に眠りに落ちてしまう。すると翌日ヘルガはせっせと家事を行ないながら、子供たちが聞きそこねた部分を語ってきかせたものであった。

アーガイル地区

　一八七九年の秋、ウィニペグ湖の水位があがり、湖の近くの農場は水浸しとなった。特にギムリ近辺は大打撃をうけた。冬に備えて貯えていた干草はびしょぬれになり、そのあとカビがはえて黒くなってしまった。冬になると、農夫たちは凍った干草の山を斧でたたき切り、腐った飼料を家畜に食べさせなければならなかった。他に何も手に入らなかったからである。

　翌春、ニューアイスランドの南東地域は再度、猛烈な洪水に襲われた。二度にわたって悲惨な時期を過ごすことになって、多くの定住者は肩の力が抜け、愕然としてしまった。もっとましな自作農場はないものか、見つかれば家族ともどももっと安定した未来が展望できるものをと考えた。

　友人や隣人の多くがダコタ準州に移動して行ったのに、そこへは行きたくないと思う定住者もいた。彼らはカナダ政府から大きな援助をうけているので、政府に忠誠を尽くす必要があると考え、マニトバ州内の他の場所を探したいと思った。

　エヴァレット・パーソネッジという男がいた。ニューアイスランドのテイラー家の世話になっていて、たまたまマニトバ州の南部にあるパイロット・マウンドで自作農場を手にいれた。ニューアイスランドの友人たちに宛てた手紙

は自作農場について熱のこもった報告書となっている。

ウィニペグ湖岸沿いのフーサヴィークの近くに住んでいたスィギュルジュル・クリストフェルスソンとクリストヤウン・ヨウンスソンという二人の男が一八八〇年の夏、パーソネッジさんに会いにパイロット・マウンドに向けて出発した。小船を使ってウィニペグまで行き、レッド・リヴァーを下って、エマーソンに出る。そこから西の方に三日間歩いて、パーソネッジさんの自作農場に着いた。パーソネッジさんは二人のアイスランド人をさらに四十キロほど西方へ連れて行った。そこで二人のアイスランド人は自分たちの自作農場だけでなく、ニューアイスランドから引越するつもりの友人たちのものをも選んだ。その年の夏が終る前、その他に三人のアイスランド人がアーガイル地区にやってきた。そして、その年、記録された自作農場の総数は十六となった。

その後、二人はニューアイスランドに戻った。スィギュルジュル・クリストフェルスソンと妻のキャロラインおよびその家族はその秋ニューアイスランドを離れ、キャリーと子供たちは冬の間ウィニペグの友人宅に世話になった。スィギュルジュルは斧と大鎌をもって、新しい自作農場に戻り、冬期用の干草を貯えた。そして、小さな丸太小屋だったが、その地区に家を建てた最初のアイスランド人となった。

クリストフェルスソン一家は最も大事にしていた家財を

列車でパイロット・マウンドまで送り、そこで受けとって、新居に運んだ。立派な陶器や料理用ストーブはウィニペグから輸送したが、それらの家財道具は二度と目にすることはなかった。鉄道会社が包装した箱を全部紛失して、残った持ち物といえば、ウィニペグで所有していた衣服と寝具を詰めたトランクだけであった。

　こういった人たちのほかに翌春ニューアイスランドを発って、アーガイル地区に向かったものがいる。この地区はウィニペグから南西約一三〇キロのところにあり、南はタイガー・ヒルズ、北はスプルース・ウッズの砂漠が境界となって、広大な土地が広がっていた。たいていのアイスランド人は所持品を全部荷車に載せ、牛に引かせて、はるばるニューアイスランドから開拓入植地のアーガイルまで家畜の尻を追って進んだ。

　アーガイル地区のアイスランド人の数はすぐに増えて、バルドュルやグレンボロといった町はにぎやかな交易センターとなり、周囲の農業地帯には好都合であった。アイスランド人はマニトバのこの地域が移住地として選ばれたことに感激した。洪水などもなく、農業で生計を営むことに決めた人々には有益な土地となった。

マニトバ湖岸のアイスランド人開拓入植地

　インターレイク地域（ウィニペグ湖とマニトバ湖にはさまれたウィニペグ市北方の楔形をした地域―訳者注）にはじめて白人の永住入植地ができたのは一八七五年のことで、それはウィニペグ湖岸のニューアイスランド開拓入植地であった。ハドソン・ベイ会社の二、三の貿易商や宣教師は別として、インターレイク地域の西側にはじめて永住入植地を築いたのはアイスランド人たちであった。

　一八八六年、フリーマン・アンデルソン、ビョウルン・リーンダル、ステファウン・ギュンナルスソンの三人の仲間は当時ウィニペグに住んでいた数多くのアイスランド人のために、適当な農地を見つけようと探索の旅に出た。この三人は働きたければいくらでも仕事にありついた時代にウィニペグへ移り住んで来ていたが、一八八六年には仕事は減少し、この町に留まっていてももはや未来はあまり展望されない時代に入っていた。

　一行ははるばるカペル・ヴァリー（カペル・ヴァリーの町は現在サスカチュワン州の州都レジャイナの近くにある―訳者注）まででかけていった。ここは当時、北西準州に属していて、カペル・ヴァリーは農業用地としてはもってこいの盆地だと三人は考えたが、すでに他の移住者が定住しているので、一行はそこからは東の方にあるマニトバ州に戻ることにした。

つぎに彼らはマニトバ州の南西部にあるパイプストーンという地域を訪れた。しかしそこは岩石だらけで、土壌は砂地であった。しかもその夏はバッタが異常発生していて、草木の葉は喰い尽されていた。三人のアイスランド人はマニトバ州のその地域には好ましい印象を抱くことはできなかったので、ウィニペグに戻って、新たな視察の準備をすることになった。そうしてつぎに目指すところはマニトバ湖の東岸であった。

　フリーマン・アンデルソンをはじめとする数名は馬の背にまたがって、マニトバ湖の東岸まで行列を組んで、並んで旅立った。一行は現在のランダル地区を探索し、南東のショール湖まで行って、ウィニペグに帰還した。その長距離をほんの五日間で移動したと報告している。

　一行が目にした土地は農業に適しているように思われた。木立の間には草の生えたかなり大きな牧場がいくつかのぞまれた。男たちは羊や牛を養うのにはことのほかふさわしい場所だと考えた。アイスランド人たちは現在のランダルの町近くのこの地域を＜アウルフタネース＞と命名した。これはスワン・ポイント（スワンは「白鳥」、ポイントはここでは「岬」の意―訳者注）の意味である。その南の一帯を＜グリュンナヴァトゥン＞と名づけた。これは「浅瀬」の意味である。

　フリーマン・アンデルソンはアウルフタネースとグリュンナヴァトゥン地域を視察し、詳細な報告書を書いている。

その報告書はウィニペグのアイスランド語週刊誌に発表され、好評を博して、アイスランド人の間でおおいに話題となった。ウィニペグで暮していたアイスランド人の多くが翌春にはアウルフタネースとグリュナヴァトゥンに引っ越そうと、その冬はやばやと準備を始めたほどであった。一八八七年の秋になるころにはアウルフタネースを中心とした地域にアイスランド人三十八家族の自作農場が誕生した。

　アウルフタネース地区の初代郵便局長はヒンリク・ヨウンスソンといった。ヒンリクはアイスランドにある妻の実家の農場の名前をとって、その郵便局を＜ランディ＞と名づけるつもりでいた。しかし、オタワの逓信省の役人は「ランディ」という名前を許可しなかった。代わりにランダルと名づけることとなった。そうしてその後もランダルと呼ばれている。逓信省の役人は同じ地域の二つの町を同じ名前で呼ぶことは十中八九、混乱を招くに違いないと危惧した模様である。

ランダルの初期開拓者の生活

ランダル入植地の主要な産業は家畜の飼育、乳製品の生産、それに漁業であった。一九一〇年に鉄道が敷設されるまではこれらの農産物をウィニペグの市場へ運ぶことはたいへんな重労働であった。

鉄道が敷かれる前、定住者は自家製の農産物の販売と家庭で使う食料の購入のために年に一、二回はウィニペグまで出かけていく必要があった。その道のりは人跡未踏の土地の道なき道を通り、さらに葦の生い茂った沼地を通り抜けねばならないものであって、九日から十日という時間を要した。ウィニペグに着いてみると、製品価格は著しく安く、バターは一ポンド（約四五〇グラム）十セント、家畜の売値はポンド当たり二、三セントにしかならなかった。さいわいなことに農夫たちが買いたいと思った日用品の値段も安く、たとえば砂糖一ポンドを五セントで、作業着一着を一ドルで買うこともできた。

移住してはじめて迎える一八八七年の秋、定住者たちはミルクの貯蔵はいうまでもなく、それ以外の食料の補給も必要だということを悟らされた。どの家庭もせいぜい三頭の乳牛しか飼っていなかったので、一冬を過ごすには他の食べ物も手に入れる必要があった。乳牛は大切すぎて、屠（ほふ）って肉をとることなどはできない。農場近くの森や牧草地には野生の生き物がいたが、猟銃を持っているアイスランド人はほとんどいないうえに、狩りに慣れたものはただ

の一人もいなかった。

　近くの湖にはとても滋味なホワイトフィッシュ（コクチマス科の北米産淡水魚―訳者注）がおおむね棲息しているようであった。男たちはすぐ手の届くところにあるこの食料資源を利用しょうと網作りに着手した。魚網は約十五センチ平方の目になるように縫い合わされた。漁師たちは網の底に石を結びつけて、網を水中に固定し、網の上端には角材を結びつけて、網が沈まないようにした。網はたいへん短いうえに、一隻の小舟もなかったので、はじめのうちは捕獲がうまくいかなかった。しまいには近所に住んでいたメティスから小舟を一隻借りうけて、この小舟のおかげで魚とりが上手になった。

　翌春アイスランド人たちは程なく居住地域のある現象に気づいた。春になるといつもマニトバ湖に注いでいるどの川にも魚がのぼってくる。ありがたいことに魚を獲るのがずいぶん簡単になった。網を所有しているアイスランド人はその網を小川に仕掛けることによって、魚はこれで十分に獲ったと考えると、今度はその漁網を網をもたない隣人に貸してやった。こうするうちにアイスランド人家族はミルク製品や当時は容易に手に入った野鴨やプレーリー・チキン（北米産ライチョウの一種―訳者注）のような食材に代って、どの家庭でも魚肉を存分に摂取するようになった。

ウィニペグ湖とマニトバ湖の漁業

　ウィニペグ湖とマニトバ湖沿いに住んでいたアイスランド人移民の漁師は冬場の漁に同じ方法を採用した。気候はとても寒くて、漁労はたいへんに困難な仕事であった。まず、斧などで氷に穴を空ける。氷の厚さは二メートルにも達する。それから刺し網を氷の下の水中に押しこんで、垂直にたらしておく。魚が泳いできて、刺し網の穴にひっかかるようにしなければならない。普通八十メートルほどもある刺し網はまず紐に結びつけ、今度はその紐を木で作った「ジグ」という道具にくくりつけるために網を張る。ジグを穴から水中に押しこんで、できるだけ先の方に突き出し、それからもう一つ穴を掘ってジグをつかみ、さらにそのジグを前方に押しこむ。このようなことを続けて、しまいには紐が端から端まで完全に水中で広がるようにする。その後、最後に掘った穴から紐を引いて、網を十分に引っ張る。網の上方に浮きを結びつけ、底には鉛のおもりを結びつける。それから、旗をつけたポールを立てて穴の目印とするので、網を引き上げる段になると、容易に突き止めることができる。

　厳冬のある日、氷の下から網を引き上げ、網にからまりついている魚をはずすのは体中が冷えきってしまう仕事であった。北風を防ぐ防護物もない広々とした湖上で、ミトン（親指だけ離れた二股手袋—訳者注）は着けているものの、網や魚でぬれるので、ミトンは十分な保護物とはいえず、漁師たちの手は凍えそうであった。漁師は確実に大漁

に恵まれるように、湖上の網の位置を次々と変えなければならなかった。

　夏の漁の方が楽であった。漁師はヨットとローボート（こぎ船）を利用して、網を水中にいれ、その場所に目印のブイを置いた。現代ではモーターボートを使うが、漁法は今日も百年前とほとんど変わりがない。

　ニューアイスランドの漁師二人が自分たちの漁法のことで口論した話が伝わっている。ある日、年老いた漁師が先に仕掛けていた隣人の漁網のすぐ近くに不用意に別の網を仕掛けた。二人が網を引き上げにいってみると、老人の網にはいっぱい魚がはいっているのに、隣人のほうは空であった。隣人は怒り、他人の網の近くに故意に自分の網を仕掛けたからだといって、老人を非難した。年老いた漁師は故意にそんなことをしたわけではないといったので、いさかいが始まってしまった。二人は互いに大声で怒鳴り合って譲らない。果てにはオールで相手をたたきのめそうとして、相手の船に近づいていった。しまいにそれぞれがオールで相手の舟を力いっぱいにたたき合った。ついには両者のオールはおれて、二人とも手で水をかきながら、岸に辿りついた。その後、二人は和解して、網は遠くに離して置くようになった。

　一九〇〇年代の初頭は冬の漁で獲れたものはほとんどすべてが船積みされて、アメリカ合衆国の市場に運ばれた。漁師たちは魚をほぼ二十キロ入りの箱に詰め、凍結した。

箱詰めされた魚はまとめて貨物船に載せて、最寄の鉄道駅まで運び、そこからシカゴやニューヨークまで輸送された。ほとんどの漁師が大会社の社員となっていたが、そうすれば魚の貨物輸送や販売を引きうけてもらえたからである。市場に出荷される魚のほとんどがホワイトフィッシュやカワカマスであった。しかし、この二つの湖ではニシンに似たゴールドアイやカワカマス科のジャックフィッシュ、タリビー、ソーガー、それにスズキ科のパーチも獲れた。

アイスランド人は毎シーズン、自分たちが使用するために獲れた魚を少し保存しておいた。春が来るまでに使用する予定の魚は冬のあいだに凍結しておくのである。夏には〈燻製所〉と呼ばれる木造小屋で魚を燻製にした。魚は燻製所の梁から白樺、アメリカカラマツや硬い木を絶えず燃やした火の上に、ほぼ一週間吊るされる。時には魚を塩漬けにして保存処理することもあった。もう一つの魚の保存法として、乾燥して「ハードフィスクル」(「フィスクル」はアイスランド語で「魚」の意味―訳者注)にすることがある。魚の臓(はらわた)をとり除き、そのあと乾燥して硬くなるまで吊るして、天日にあてるとできあがる。この保存法は今でも行われている。そして、魚は本当にありがたいものだと思っている人が多いのである。

サスカチュワンのアイスランド人

サスカチュワンに最初にやってきたアイスランド人たちはチャーチブリッジに移住した。一八八五年のことである。これらのアイスランド人のほとんどがウィニペグから引っ越してきた人たちで、一年か二年前にアイスランドから渡来した。チャーチブリッジでアイスランド人の雇用主となった人たちが気づいたことはアイスランド人は仕事がよくできるし、家族や社会に対して責任感もあるということであった。

アイスランドでは穀物農業はほとんどできず、羊や馬以外の家畜を飼育することもまず、ありえない。カナダに移住したアイスランド人が目にしたのは他国から農業をするためにやってきた移民が穀物を栽培し、家畜を養っている姿であった。アイスランド人の多くはプレーリー（大平原）で、農場労働者の仕事に就いたが、それは必要な金を稼ぐためばかりでなく、カナダの農業の営み方を学ぶためでもあった。チャーチブリッジの近くに住み、アイスランド人に働いてもらっているある農夫が「こいつらアイスランド人は仕事の手をやすめては、なぜかどうしてかと質問ばかりしやがる！」とかつて嘆いたことがあった。まことにアイスランド人は物おぼえが早く、たちまち農夫としての手並を身につけてしまった。

チャーチブリッジ以外のアイスランド人集落はタンタロン、カルダー、フォームレイク、レズリー、エルフロス、

モザート、ウィンヤード、カンダハル、ダフォーなどが挙げられる。一八八八年の春、チャーチブリッジに最初の学校の建設が始まり、十一年後の一八九九年までにはサスカチュワンのほとんどのアイスランド人開拓入植地区に学校が完成した。たいていの学校が一部屋の丸太小屋で、フォームレイクの学校の机は全部この地区の定住者であるクリストヤウン・ヘルガソンの手作りの品であった。

学校は定住者の大部分が住んでいたフォームレイクの東側に建てられた。西側には三家族しか住んでいなかった。この三家族の子供たちは学校への往復に小舟を使わなければならなかった。こういったことが可能だったのも学期中には湖面が凍結しなかったからである。湖面のうねりが激しかったり、完全に凍っていない日には子供たちは馬に乗って、湖を十キロも迂回しなければならなかった。冬に凍った湖を横切って学校まで歩く道のりは二キロであった。

チャーチブリッジ入植開拓地は一八八八年にヨウン・ビャルナソン尊師の訪問を受けることになっていた。尊師の訪問を利用して、結婚式を執り行ってもらうことを決めていたカップルが八組あった。グヴューズブランドュル・ナルヴァソンという若者もこの機会に結婚したいと願っていた一人で、自宅から三十キロ離れた鉄道請負業者のところで働いていた。しかし、雇い主は湖の凍結前にできるだけ仕事をこなしてもらおうと、なかなか暇を取らせず、グヴューズブランドュルにほんの一日しか休

みを与えなかった。

　グヴューズブランドュルは結婚式前日に十二時間も働き、その夜三十キロも歩いて帰宅した。八組のカップルは式を挙げ、また軽い飲食物が出された。式後、グヴューズブランドュルはそこを離れ、翌朝七時にはもう職場に戻っていた。

サスカチュワンの一少女の思い出

　サスカチュワンのウィンヤードの南にタッチウッド・ヒルズという小高い土地がある。その北方にアイスランド人開拓者の若夫婦とその家族が農場を所有していた。夫婦の名前はヘルギ・ステファウンスソンとシュリジュル・ステファウンスソン。

　身分や出身に関係なく、誰に対しても手厚くもてなすのがアイスランド人のしきたりになっている。アイスランド人は戸口にあらわれた人には誰にでも手を貸し、すすんで家にも泊めることで知られている。

　天候の厳しい冬のある晩のこと、たまたま一人の男がステファウンスソン家にやってきた。ロシア人であった。みすぼらしい服装をしていて、とても痩せていて、栄養失調のようであった。この男は一夜の宿を請うた。家族は二つ返事で、この願いをききいれて、一緒に夕食を食べるようにいった。

　この男は食前に、宗教上の慣例から、黙してちょっと頭をさげ、十字を切った。当時、幼かった娘にはこれが強く印象に残った。少女はこれより前にこのような光景を目撃したことがなかった。その男の話す英語は文法からはずれていたが、アイスランド人に理解してもらうには十分であった。夫妻にロシアの生活やツァー（帝政ロシア皇帝─訳者注）の軍隊生活を語ってきかせた。ロシア革命

(一九一七年三月[ロシア暦二月]帝政を倒し、臨時政府と労兵ソビエトとの二重政権を生み出した二月革命と十一月[ロシア暦十月]、臨時政府を倒し、ソビエト政権が成立した十月の社会主義革命をいう―訳者注)以前の、ロシア全体が皇帝の支配下にあった時代のこと。この男の話では軍隊の規律はとても厳しくて、誰かが訓練やパレード前に手袋をなくしてしまえば、たとえどんなに寒い冬の日であっても、その隊に所属するものはみな手袋なしでやっていかなければならなかったという。

この男はロシア皇帝の軍隊で冷遇されたので、ロシアを捨てた逃亡兵であった。辛うじて国境を越え、オーストリアに逃げた。オーストリアの軍隊はロシア人とはずいぶん異なる服装をし、訓練方法も違うことを説明した。ステファウンスソン家の娘はこのロシア人が外国語のような響きがすることばをはなしたことを覚えていた。「左・右」というべきところをこのロシア人は＜リーヴォ、プラーヴォ＞といった。オーストリアを基点に、いろいろな手段を使って、苦労してヨーロッパを横断し、なんとかカナダに辿りついた。その後、サスカチュワンのアイスランド人入植地近辺のタッチウッド・ヒルズに自作農場を所有するようになった。アイスランド人たちはこのロシア人の話に熱心に耳を傾けた。それは自分たちが経験したこととはおおよそかけ離れた別世界の話であった。

その夜、ロシア人は一泊し、翌朝アイスランド人家族と朝食をともにした。ちょうど出かけようとしたとき、この

ロシア人が靴下も履いていないことにみんな気づいた。ロシア人は靴に藁を詰めて、温めようとした。ステファウンスソン家に滞在していたフリーズゲイル・ベルクという男がアイスランドの羊毛で作った自分のソックスを一足持ってきて、ロシア人にさしだした。しかし、その足はむくんで痛むので、ソックスを履くこともできない。そこで、奥方のシュリジュルはベッドシーツを持ってきて、これを引き裂き、布切れを何枚かつくった。その布切れをロシア人の足に巻き、布を足首の上にピンでとめた。こうしてロシア人はようやく靴をきちんと履くことができるようになった。ロシア人はこのありがたい贈り物を身に着けて、アイスランド人家族の家を後にした。藁の詰まった靴を履いたときよりも、足がずっと温かかったことはいうまでもない。

ゲイシル入植

ゲイシル地区への入植は一八八五年に始まった。以後、この地区はアイスランド人移民が大勢やって来て、あとから自作農場を切り開くのに人気のある場所となった。

冬に、といっても一九〇一年が明けて間もないころのこと、入植見込みの数人のアイスランド人がノースダコタ州からゲイシル地区にやってきて、自作農場を捜し求めた。雪と霜のため、土地が肥えているかどうか容易には判定がつきかねた。とはいっても、入植する際にはたいていのアイスランド人がみずから土地を選定した。五月の終わりごろ、大きな一団が新しい開拓入植地を求めて、ノースダコタ州を出発した。セルカークまでは列車の旅であったが、家財道具はそこで船に移され、たいていの人が同じ船で航海をつづけた。船はウィニペグ湖岸のフネイサまできた。なかにはたくさんの家畜を追いながら、セルカークから陸路で旅をつづけてきたものもいた。

その年の春は雨が多く、湖の水位が上昇していた。入植移住地の道路が水面下になっているところもあった。そういった道路を移動に使わなければならない場合もあった。おのずと、進むのが遅くなるわけで、家畜をセルカークからフネイサまで移動させるのに数日間を要し、家畜、家族、所帯道具をフネイサから西のアイスランド・リヴァーまで運ぶ手立てには一向に改善は見られなかった。今日、ハイウエー（幹線道路）六十八号の一部となっているところも

当時はまだ狭い荷車用道路にすぎず、こんもりした潅木と樹木の間を走っていた。道路沿いには五～六か所、沼地があった。沼地などに丸太を並べて作った道路をコーダロイ・ロード（丸太道路）と呼んでいるが、この沼地は白と黒のポプラの丸太が何本か沈めてあり、さらにその丸太の上に新たに丸太を何本か、道路とは交差するような形で積み重ね、コーダロイ・ロードの営繕に絶えず努めて、ようやく沼地を通りぬけた。

やっとの思いで目的地に着いた新入植者のほとんどは、先にゲイシルの自作農場に落ち着いていた人々の間に仮住まいを見つけだした。

自ら選んで決めた自作農場だとはいっても、アイスランド人はこの季節に戻ってきてがっかりした。空き地のほとんどは雑草とよどんだ水たまりだった。定住者のなかには定住した年と翌年の夏、または翌々年の夏を自作農場で過ごし、手で溝を掘って地表の水はけをよくし、その水を牧場と干草作りに利用する者もいた。自作農場に住むものとして義務を果すために、土地には垣根を巡らす必要があった。初期に定住した多くの者は横棒垣を作る必要があった。しかし、このころにはもう有刺鉄線が手に入った。垣根用支柱にはたいがい地元で藪から切ってきた柳かポプラが使われていたが、土地が柔らかく頻繁に水が染み込んで、ぐしゃぐしゃになっていたため、必要な深さまで手で地面に押しこまなければならなかった。

新来者のアイスランド人は入植したころ、気くばりを

し、努力を重ねねばならないことがたくさんあった。一番急がねばならないことは雨と日光をさえぎる場所を作ることだった。壁用に丸太を切り、屋根は板張りか藁茸きにして、住まいが完成する。動物用の小屋も備えてやらなければならない。こちらの方も杭を立てて、屋根に藁を敷いた丸太小屋にすぎない。自作農場主は離れ家の屋根を作るのに、はじめての経験なので、製材した厚板を手に入れて、住まいを改良していった。

　干草作りは決まりきった仕事であったが、無視することはできなかった。入植した年の夏と翌年の夏、および翌々年の夏にも自作農場を所有するアイスランド人は大鎌で必要なだけ干草を刈り、熊手を使って幾重にも積み重ね、さらに隣人にも手伝ってもらい、何本かの棒を使って運び、積み上げて、干草の山を作った。自作農場の人たちのほとんどが最初は耕作用動物に牛を使用した。牛はふつう農場でも飼育したが、馬は貿易商人に現金を払って買わなければならない。自作農場に落ち着いたあとは、荷車、橇、芝刈り機、熊手などの農機具を手に入れた。熊手を使って干草を幾列にも並べて乾燥させ、その後、それを荷車に載せて干草用の畑の最高地点に運び、そこに積み重ねる。冬にはその積み重ねてある干草の山を再び荷車に積んで家に持ち帰り、動物の餌とする。自作農場地はおもに広々とした土地に潅木が生えているところのことをいうが、潅木の大部分は柳やポプラで、こういった木は通常、広々とした草地よりも樹木の茂るやや高くなったところに生育する。作物栽培に利用できる土地を増やすために、潅木はおおかた

取り除かれた。道具には根掘り用鍬と斧しかないので、この道具を使って、手で柳やポプラを引き抜く除去作業は厄介この上ない大仕事で、潅木を除去した後に空き地ができると、穀物が育つようにまず土地の開墾作業が始まる。入

植初期にはこの仕事に障害がいっぱいあった。一番ひどかったのは春には土中の水分が多すぎ、成育期には作物が水浸しになってしまうような水害の危険があった。それから、種まきが遅れたため、作物が秋霜の被害をうけて、腐ってしまうこともしばしばだった。

骨折って作物を育てることに加えて、機械類ももっと必要になってくる。最初に手にいれた道具は牛馬用の犂（すき）であった。それにつづいて砕土用農具。種まき機やバインダーは二人以上の農場主が共同で購入し、共有する場合がおおかった。

自作農場の産物で最初に売りに出したものは一般的に自家製のバターであった。これをフネイサの店に運び、家庭必需品と交換した。冬場には凍結した肉と交換するようなこともしばしばだった。少しでも現金を手に入れようと、晩夏には家を離れ、カナダのプレーリーやアメリカ合衆国へ行き、季節労務者として農産物の収穫の仕事をもとめる農場主や若者もたくさんいた。

コミュニティ内であっても、移動はできるだけ最小限にとどめた。たいていの場合、人は徒歩で移動するが、荷物があれば、牛を使うこともあった。一頭立て軽装馬車などに乗ることはぜいたくで、使用が制限されていたが、それは馬車が走る道路がなかったことにもよる。自宅からフネイサの店までの往復の道のりはまるまる一日を要し、通常、月一回が限度であった。春に牛を使っても、道路の通行が

不可能なこともあり、バターを背負って、フネイサまで人間が売りにいき、購入品を携えて、同じ道を引き返さねばならなかった。

　生活条件がやや改善されたのはアルボルグの入植開拓地まで鉄道が通じた時であった。これはコミュニティの歴史に決定的な変化を生じさせた。鉄道が来ると、その土地で一番の天然資源と思われるもの、つまり燃料となる木材を販売する機会が生れるのである。木材を一メートルくらいの薪用の丸太に切り、大量に貨車に積みこむ。鉄道のおかげで、干草用市場も開かれた。つまり、特別に注文を受けた干草を数年間、圧縮して梱包する慣わしとなり、このコミュニティに相当の収入がもたらされた。梱包し、荷造りした干草は貨車に積み込まれ、ウィニペグの市場や他の目的地に輸送された。

　生産が拡大して、流通が盛んになると、コミュニティに新しい道路の開設が必要となる。開墾して公道用地を確保するにはいぜんとして肉体労働が主力であったが、年を経ないうちに道路建設に土木機械のスクレイパー（道ならし機）が導入され、スクレイパーを引っ張る馬と馬の手綱をとる若者の姿の方が目立つようになった。土地所有者は市当局の指示にしたがい、道路の営繕のために、法で定められた労働力税を何年にもわたって納めることになった。

アルボルグの学校

　アイスランド・リヴァー沿いのコミュニティはランディから西の方にゆっくりと拡大していった。一八九一年にはゲイシルに学校が建てられた。アイスランドや北米各地からやってきた家族はゲイシルの西側に入植した。川岸沿いに何軒かの家が建てられたが、そこはランディから約十五キロ内陸のアウルダルという名称の自作農場の近くになる。さらに農場主のなかにはずっと奥まった西方の川沿いに自作農場を開いたものもある。

　この地域に入植した家族は子供の学校教育に腐心して、農場を拓いて新しくできたコミュニティに学区をいくつか作ってもらえるよう、要望書を提出した。一九〇四年にギムリ市議会は二つの学区を作る条例を可決した。一つはアウルダルという名前になる予定であり、もう一つはずっと西の方で、フラムネースといった。校舎が建ち、一九〇四年から一九〇五年にいたる冬に初めて学校が始まった。

　アウルダルに建った最初の校舎は木造の小さな建物でまるで一戸の民家のようであった。校舎の背後には、片側が柱で支えられた傾斜屋根のある、指し掛け小屋があった。ここは教員用住居となる予定だった。当時の教員は学校に住むのが慣習となっていた。教員の務めとして、寒い朝は毎日、学校のストーブで火を熾して、生徒の登校前に教室を温めておく必要があった。アウルダル学校の最初の教員はビョウルン・スィグヴァルドソンであった。

今日アルボルグと呼ばれる町の川岸の北側に鉄道線路が走っているが、その真東の一区画にアウルダルの最初の学校が建てられた。初年度の生徒数はごく少数であった。一九〇五年に学区の境界が変更されたため、ゲイシル学区の数名の生徒がアウルダルに通うようになって入学生が増えた。初めのころは唯一人の教員が一年生から十年生までの教育を担当したが、生徒数が増えるともっと大きな学校が必要となった。一九一二年二教室の新校舎が現在のアルボルグ小学校から通りを隔てて、向かい側の敷地に建った。

　再び生徒数が増えたので、一九二三年にはもう二教室増やす必要が生じた。この二教室は学校の正面に建てられた。一九二三年の増築前の約四年間は校舎が手狭になったため、三、四、五年生の授業はアルボルグ・コミュニティ・ホールで教えられていた。学校の二教室とホールで、生徒数四十五名を一人の教師が教えていた。

　この学校はコミュニティに貢献したが、一九四六年の冬に校舎は全焼してしまった。再度、アルボルグの生徒はコミュニティ・ホールでの授業に出席することになった。今度は外装を石目塗り(「石目塗り」とは、漆の表面に炭粉や乾燥粉などをまき、石の肌目のような凹凸をもたせる技法―訳者注)漆喰にした、八教室の新しい木造校舎が建てられた。この校舎は一九七五年からアルボルグでは使用されていなくて、今日では解体されている。

一九五九年から一九六一年にかけて、アルボルグの生徒たちは再びアルボルグ・コミュニティ・ホールの学校に通った。このときその学校に通ったのは九年生と十年生だったが、一九六一年には新設の高校が建った。

田舎の一教室学校

　ニューアイスランドの各コミュニティが大きくなるにしたがって、学校が必要だという声があがってきた。農場を中心としたコミュニティ内の道路はあまり整備されていなかったし、歩行か乗馬以外にはこれといって子供が利用できる交通手段はなかったので、子供の通学は家の近くに学校がある場合に限られた。ニューアイスランドとアルボルグ地区に一教室の小さな田舎の学校がたくさん建てられた。いずれの学校も木造校舎で、その校舎に付属している傾斜屋根の家かまたは校庭の小さな建物のどちらかが教員用住宅であった。

　冬の朝、早い時間に教員は暖房炉やストーブに火を点け、生徒が着いたとき寒い思いをしないですむようにする。生徒はミルクとサンドイッチの弁当を持って、学校まで五キロの道を歩かねばならないことがよくあった。入学手続きをした生徒が一年生から八年生まで合わせてわずかに八名か九名ということもあった。それよりも生徒数が多いところでは、教員は八年生まで三十人以上もの生徒の面倒をひとりでみなければならなかった。

　しばしば歩行通学の距離がとても遠くて、八歳になるまで学校に上がれない子供もいた。そういう生徒はたいてい八年生を終了するまで在学した。九年生になるには隣の町に引っ越して高校に通うか、通信教育を受けなければならなかった。田舎の多くの生徒はこのようなことができるわ

けもなく、八年の課程を終えると学業を終えることになる。九年生への就学がもっとたやすく行ないうるようになっていたら、もっと多くの生徒が高等教育をうけられたことであろう。

アイスランド移民の子供たちは通常、学校に上がる時までぜんぜん英語の知識がなかったので、他の教科に先駆(さきが)けて、英語学習を始めなければならなかった。

学校の図書室はせいぜい教室の隅っこに書棚一つというものであった。学校には体育館はなかったが、サッカーボール一個、野球のバット一つ、それにソフトボールが一個だけはあった。正午の時間はもちろん、休み時間にも生徒たちはみんな校庭に出てプレーしたものである。学校にわずか十人か十五人の在籍者しかいないとき、運動場でサッカーや野球の試合をするには全員が必要だったわけである。

これらの学校はコミュニティに計り知れない貢献をした。ニューアイスランド地区にある田舎の小さな学校は一九六三年まで運営されていたが、この年から学校は一つずつ閉鎖になり、生徒は最寄りの町にスクールバスで運ばれるようになった。そこには多くの生徒を入学させるために、近代的な大きな学校が建てられていた。

アイスランド系カナダ人の民話二つ

スコッタ

スコッタは醜い、魔女のような女でした。長い鼻先は尖り、あごは突き出て、深くくぼんだ目は邪険で、頬は落ちて、頬骨が突き出ていました。着衣のしかたも一風変わっています。黒色の長いスカートを履いていました。ショールはグレイ、ストッキングは赤でした。羊の皮で作ったアイスランド靴を履いていましたが、ずたずたに破れていました。

むかしの妖精と同じように、スコッタは行く先々で破滅をもたらすといわれていました。不幸な出来事があったり、病気になったり、災害が起きたりすると、それは全部スコッタのせいにされました。子供たちはいたずらをしたとき、お仕置きをうけないようにするために、なんでもみなスコッタのせいにしてしまいました。

スコッタはアイスランドからの移民と一緒にカナダにやってきて、墓を暴いて死体を食べる食屍鬼だといわれています。どうも、ランディ近辺に入植した家族の後を追ってきたようです。スコッタはその家の奥方につきまとい、筆舌に尽くしがたいほどかずかずの災難をもたらしたのでした。

ある日その奥方は双子の娘ヘルガとインガのために特別

な誕生パーティを開きました。招待客とともに家族がパーティを楽しんでいるときのこと、突然、屋根裏部屋から妙な音が聞こえてくることに気づきました。ヘルガは階段に走りより、見上げて「インガ、スコッタが踊っているのよ、見にきて。スコッタが楽しく遊んでいるわよ！」と妹に呼びかけました。スコッタは本当に楽しんでいるところでした。部屋の中のベッドからベッドへつぎつぎと飛び跳ねたり、踊ったりしながら移動していくスコッタの姿を二人の姉妹は目撃しました。奥方は娘たちがスコッタの存在を披露したことに腹をたてました。自分の後をついてきた妖精のことが人に知られるのを恥ずかしいと思ったのです。ヘルガを別の部屋に連れて行き、したたかお尻をたたきました。

　するとそのすぐあと、娘は二人とも死んでしまったのです。二人が死んだのはスコッタのせいだということになりました。ヘルガは沸騰したミルクが樽からこぼれて、その火傷（やけど）で死んだのです。スコッタがヘルガに向けて樽を押し倒したから、こうなったのだということになりました。インガの方は喉が炎症をおこす病気、ジフテリアで死んだというのです。インガを窒息させ、喉に黒や青の斑点を残したのはスコッタ以外に考えられない。スコッタが女の子たちを殺したのはあの運命的な誕生パーティの日にスコッタの存在をみんなに知らせたからだといって、親戚や隣人は納得しました。

ソルゲイルの雄牛

ソルゲイルの雄牛はグレイがかった青色の巨大な動物です。アイスランドの民間伝承によれば、その雄牛がある農夫に屠殺されたことになっています。その農夫は牛の皮剥ぎにとりかかる前に牛をちゃんと殺さなかったのです。皮が半分ほど剥ぎ取られると、牛は知覚麻痺の状態から目覚め、農場から逃げだしたのです。それ以来、この牛の幽霊がアイスランドの多くの地域で目撃されています。この牛は七匹の子鬼を従えているといわれていますが、それは剥ぎ取られて、おしりから垂れ下がっている皮のどこかにその子鬼がぶらさがっているからです。

アイスランドからカナダに移住したソーラという若い女の子がいました。金持ちと結婚し、二人はウィニペグの立派な邸宅に住みました。この若いカップルの邸宅にはやや年をとった義理の母も同居していて、邸宅にはよくしつけられた賢そうなプードルが飼われていましたが、その犬を義母は甘やかし、駄目にしてしまいました。

ソーラが邸宅に移ったあと、その犬が彼女のスイートルーム（一続きの部屋）に近づいてきてはいつも唸り、吠え、背中の毛を逆立てるのです。義母はその犬を静めようとしますが、犬はいっこうに落ち着かず、しまいにはソーラの部屋からずっと離れたところに連れて行かれました。家族はこのかわいそうな犬を多くの獣医のところにつれて行き、不機嫌な病気の治療法を見つけようとしましたが、

無駄でした。みんなその犬を始末するつもりだったのですが、義母は愛するペットを失うくらいなら、自分も不機嫌で、気の狂った犬と一緒に苦しむ方がましだと考えました。奇妙な振舞いをする犬がいなければ、幸せになれる家庭もこの犬のために喧嘩が絶えませんでした。

ソーラの実母は霊能者だといわれていました。ある日、アイスランドからやってきて、娘宅を訪問します。犬の奇妙な振舞いの話は聞いていましたので、その問題を調べようと決意したのです。ソーラの部屋に入り二言、三言もぐもぐと独り言をいい、ベッドと化粧棚の下を見ました。部屋の外に出ると「かわいそうに犬が怖がったのも無理もないわ。ソルゲイルの雄牛がベッドの下にいるんだもの」といいました。そのとき彼女はぶつぶつと魔法の呪文を唱えて、その家から雄牛は追い払ったといいました。

その後、犬がソーラの部屋に入ってきてももはや唸ることも吠えることもなくなりました。その家のものはみなソーラの母親にとても感謝したのでした。

ヴァイキングの北米への航海

　読者のみなさんはこれまでアイスランドに関する話をいくつか読み終えて、十九世紀に北米へ移住したアイスランド人に関しては詳しい知識を得たはずである。しかしながら、この移住者たちは北米大陸に住居を定めた最初のアイスランド人ではない。永住こそしなかったが、ずっとむかしに北米大陸に入植したアイスランド人のことをここで言及し、もっとはっきり説明をしておく必要がある。

ビャルニ・ヘルヨールヴスソン

　九八六年、ビャルニ・ヘルヨールヴスソンは父親を訪ねるために、アイスランドを出航し、グリーンランドに向かった。父親はそのすぐ前に赤毛のエイリークとともにそこに移住したのであった。ビャルニはそれ以前にグリーンランドまで船旅をしたことは一度もなかったが、だからといってもの怖じすることはなかった。進む方角もわかっていたし、この島を詳細に描いたものも持っていたから、父親の住んでいるところを見つける自信があった。

　グリーンランドは岩だらけで、多くの山と巨大な氷河があるという話は聞いていた。ビャルニと乗組員が細長いヴァイキング船に乗って、アイスランドを後にして三日後、濃い霧が海洋を包んでいたが、数日間、そのまま船旅を続けた。乗組員は霧が晴れると、月と星で自分たちのいる位置がわかったのであった。翌日、陸地が見えたが、それは

グリーンランドのはずがないと思った。そこは岩も山も多くはなく、木々が生い茂っていた。氷河などは見当たらなかった。

ビャルニと乗組員は一回も接岸せずに、海岸に沿って北の方に航行すると、山の頂上に氷河をいただく島を見つけた。それでも、そこに立ち寄らず、探検を続けた。帆を掲げ、ひたすら北方へ航海を続けると、四日目にまた陸地が見えた。この島はビャルニがグリーンランドについて聞いていた様子と一致した。みなは上陸した。そうしてビャルニは父親に会った。ビャルニはそのままグリーンランドに留まり、再び旅に出たのは父親が死んだ後のことであった。

父親の死後、ビャルニはノルウェーに旅し、自分が目撃した新しい土地のことをみなに語って聞かせた。赤毛のエイリークの息子であるレイヴはことのほかビャルニの話に興味を抱いた。レイヴはその新しい土地について詳しい話を聞こうとビャルニの元を訪ねたが、見たことはあっても、まだ足を踏み入れたことのないいくつかの場所についてはビャルニも大雑把なことしか説明できなかった。ビャルニはみんなから、研究心のない男だといって、責められた。だって、新しい土地を発見したのに、なぜ探検をして来なかったのかみなは理解できなかったからである。

幸運児レイヴ

　ビャルニ・ヘルヨールヴスソンの話を聞いて、赤毛のエイリークの息子であるレイヴはグリーンランドの彼方にある新しい土地を探検したいと考えた。そこでビャルニから長い船を買い、三十五人の乗組員を乗せて出発した。一行はその地域の探検旅行をしていたが、永遠にそこに滞在するつもりはなかった。レイヴ一行は最初のヴァイキングとして、北米に家を建て、しばらく滞在した。しかし、このこととレイヴが幸運児と呼ばれることとは実はいっさい関係がない。

　一行が初めて見つけた土地はビャルニが最後に見た大きな島であった。レイヴとその部下たちが上陸して気づいたことはその島は大きな板状の岩からなり、それを氷河が覆っているということであった。今日、この島はバフィン島として知られているが、レイヴはここを厚い板状の島という意味の＜ヘルランド＞と名づけた。この島より先にさらに船を進めると、また土地が見つかったので、再び上陸して、探検した。ここには白砂の磯と木立があったので、森林がある土地という意味の＜マルクランド＞と名づけた。このあたりはおそらく今日ラブラドルという名前で知られているところにあたるであろう。

　またまた出航し、二日間、南方に進むと、いい香りの牧草が繁茂する島にやってきた。その島から本島まで航行し、さらに南進を続けた。そして川が海に注ぐあたりに上陸し

たが、そこは浅瀬となっていて、引き潮のときは船の周りに水はなく、遠くにある海はほとんど見えないくらいであった。レイヴらは小船で川をさかのぼると、小さな湖にやってきたので、そこで冬を過ごすことにした。一行は芝生、木材、石を使って家を建て、冬の間の食料を賄えるだけの鮭を川で獲った。ここの冬はアイスランドやグリーンランドよりもずっと温暖だということにも気づいた。昼間の長さもずっと長く、寒さもさほど厳しくはなかった。レイヴ一行が越冬した土地はセント・ローレンス湾とニュー・ジャージ州の間あたりだろうと考えられている。

一行はぶどうや野生の果実などを集めて、秋を過ごし、グリーンランドに持ち帰るために、木々をたくさん切り倒した。春になると、木材を船にいっぱい積んで、グリーンランドに向けて出航した。アイスランド語で葡萄はヴィーン・ベリーと呼んでいるが、レイヴ・エイリークスソンはこの地域は葡萄が豊富に採れるところから、出発前に＜ヴィーンランド＞と名づけた。

帰還の旅でグリーンランドに近づくと、レイヴは一隻の船が砂州で座礁して、壊れているのに気づいた。レイヴはその砂州から、乗組員十五人を救助した。それ以来彼は＜幸運児レイヴ＞と呼ばれるようになったが、それはレイヴが幸運をもたらすと考えたからである。レイヴの幸運はやはり強運の父親から受け継いだものであろう。

ソルヴァルド・エイリークスソンのサガ

　幸運児レイヴにはソルヴァルドという弟がいた。レイヴがグリーンランドに戻り、ヴィーンランドの話をすると、弟はこの話にたいへん興味をいだき、みずからもその新しい土地を見たいものだと考えた。レイヴは弟に自分の船を譲り、ヴィーンランドに残してきた家は好きなだけ利用してよいとの許可を与えた。しかしレイヴは自分の家をすぐさま手放そうとはしなかった。それはいつの日かヴィーンランドへ帰るという夢も抱いていたからであった。

　ソルヴァルドはレイヴよりももっと広範囲にヴィーンランドを探検するつもりであった。ソルヴァルド一行はヴィーンランドに向けて出航した。レイヴがいろいろと指示していたため、さほど苦労することもなく、例の家に辿りついた。

　一行は冬をそこで過ごした。翌年の夏、この大陸の沿岸線を探検していて、ヴィーンランドの先住民に出会ったが、先住民たちは海を旅するのにムース（アメリカヘラ鹿―訳者注）の皮で作ったカヌーを利用していた。ヴァイキングたちは先住民一人を除いてすべてを殺してしまったが、その一人はムースの皮で作ったカヌーで落ち延びた。すると先住民たちは大挙して戻ってきて、ヴァイキングを攻撃した。

　その戦いでソルヴァルドは致命傷を負った。ソルヴァル

ドは自分たちが探検旅行中に見た特に美しいフィヨルドに埋葬してくれるように乗組員たちに頼んだので、ソルヴァルドが息を引き取るとすぐにその願いは実現した。

ソルヴィン・カルルセヴニのサガ

ソルヴァルドの部下たちがグリーンランドに戻った次の年、ソルヴィン・カルルセヴニというノルウェー出身の男がグリーンランドにやってきて、幸運児レイヴの義理の妹グーズリズと結婚した。二人はヴィーンランドに永遠の入植移住地を築く目的で、そこへ行くことを決意した。男性六十人と女性五人の乗組員を連れて出発した。さらに羊と牛も数頭ずつ連れて行った。このときもレイヴは自分の家を貸しはしたが、譲るようなことはしなかった。ヴァイキングたちはレイヴの家に到着し、ここに定住した。一行は葡萄だけでなく野生の産物も集め、冬の糧食を補った。

翌年の夏、ヴァイキングたちはヴィーンランドの先住民に初めて遭遇した。ある日、森の中から突然、非常に多くの先住民が姿を現した。近くでは牛が草を食んでいた。そして雄牛の鳴き声に恐れをなした先住民は毛皮の包みを持ったまま、民家の中に逃げこもうとした。しかしヴァイキングたちは先住民に用心して、家のなかには入れず、外で会うことにした。先住民は包みを降ろして、交換品を差し出した。ソルヴィンは部下に武器との物々交換は禁じたが、女たちに先住民の所へミルクを運ばせることを思いついた。先住民はミルクをたいそう喜び、それを飲み、交換

品として毛皮を差し出した。このあとソルヴィンは家の回りに木の塀を作らせた。

　ヴィーンランドの先住民と出会ってすぐ、グーズリズは息子をひとり設けた。スノリ・ソルヴィンスソンである。スノリはアメリカ大陸で生まれた最初の白人の子供ということになる。

　翌年の冬の早い時期に先住民がまたやってきた。彼らは交換品を持ってきていたので、再度ソルヴィンは部下にミルクと交換するように指示した。先住民の一人がソルヴィンの部下から武器を盗もうとして、捕らえられ、殺されてしまった。残りの先住民は交換品をあとに残したまま、逃げてしまった。

　ソルヴィンは身を守る準備をしておくように、部下に指図した。先住民は戻ってくるだろうし、その際は友好的な態度は示さないだろうとソルヴィンは考えた。事実、先住民は戻ってきた。ヴァイキングたちは先住民と一戦を交え、先住民が森に逃げこまないうちに、自分たちのすぐれた武器を使って、たくさんの先住民を殺してしまった。ソルヴィンと仲間たちはヴィーンランドで越冬し、翌春グリーンランドとアイスランドに向けて出発した。

ヴァイキングの遠征（西方・北方ルート）関連図

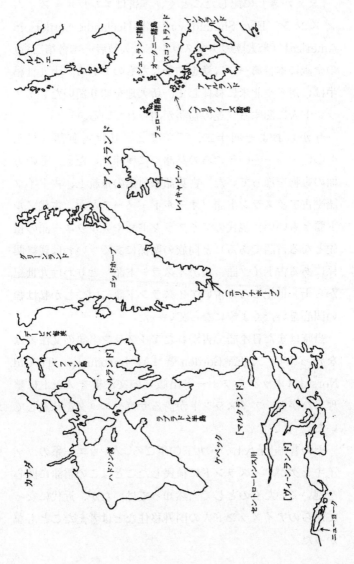

訳者あとがき

「まえがき」に記したごとく、本書はエルヴァ・スィムンズソン（Elva Simundsson）著『Icelandic Settlers in America』（米大陸のアイスランド人入植者―本書第三章）の全訳に本書第一、二章を加筆したものである。十九世紀半ばに南米や北米に移住して、新天地を切り開いたアイスランド人に関する一連の物語が語られている。

今からおよそ四十二、三年まえ、私は古英語（紀元七〇〇－一一〇〇年ころの英語）に興味をいだき、その方面の書物を漁っていた。古英語は言語の系統上、古ドイツ語や古アイスランド語（オールド・ノースとか、古代ノルド語ともいい、現代のアイスランド語やノルウエー語の祖先となる言語である）と同族の関係にある。いわば親縁関係にある古ドイツ語、古アイスランド語、とりわけ九世紀から十一世紀ごろの古いアイスランド語にいつしか私は強い関心をいだくようになっていった。

当時はまだ日本語で書かれたアイスランド語の文法書はなかったので、E.V.Gordon 著『An Introduction To Old Norse』（オックスフォード出版）の文法編をノートに整理しながら、アイスランドが誇るサガやエッダを味読していた。

その昔、紀元八七〇－九三〇年ごろ、ノルウエー系のヴァイキングがアイスランドに植民したことはこの言語に関心を抱いていたものとして当然知ってはいたが、近代になってからのアイスランド人の国外移住などは考えたこともなかった。

今から二十四年前の一九八八年三月、私は初めてカナダを訪れた。同年の夏には勤務大学の海外語学研修グループを引率して、六〇名あまりの学生とカナダのバンクーバーでほぼ一カ月を過ごすことになった。

　授業の一環として、研修先の大学が企画したスタンレー・パークでの野外劇「ウェスト・サイド物語」の観劇の際、学生たちの指導にあたるカナダ人教員たちから友人だといって、一人の女性を紹介された。金髪碧眼のその女性はアイスランド系の女性で、アイスランドに住んでいるおばあちゃんはこんな風に発音するのよといって、何事かをアイスランド語で話して見せてくれたが、きれいな言葉ではありませんよといっているかのように、故意に大げさな抑揚をつけて発音していることは判断できたが、内容はちんぷんかんぷんであった。どの国からの移民がいても不思議はないカナダではあるが、まさかそのときアイスランド系住民に会えるなどとは思ってもみなかった。

　それから十一年を経た一九九九年の三月、また学生引率でカナダのバンクーバーに行くことになった。十二回目のカナダ訪問であった。そのときバンクーバーに「アイスランド・クラブ」と称する組織の存在を知ることとなった。

　ホテル滞在中、毎日「アイスランド・クラブ」を訪れてみたいと思っていた。カナダでの学生の語学研修はすべて終わり、2日後には学生とともにロサンゼルスへ移動することになっていた三月二十一日、雨の降る日曜日の午後、思い切ってそのクラブに行ってみようという気になり、ホテルの大きな傘をもって、スカイトレインに乗り、三十分、終点のキング・ジョージで降りた。目的地の駅ニュー・ウ

エストミンスターを通りすぎて、四つ目の駅である。アポイントもなしに、いきなり訪ねられては大迷惑だろうと生来が引っ込み思案で、躊躇をする私自身にいささか腹をたて、しかしまた自分の要領の悪さと不甲斐なさは棚に上げ、どうせ日曜日で誰もいないだろうから構うものかと、終点から折り返しのスカイトレインにまた勝手に乗りこんで、今度はきちんと目的地の駅で降り、そこの公衆電話にコインをいれた。

「私は日本人です。ただいま旅行で、バンクーバーにきています。アイスランドに興味があるのですが…」とでもいったのだろうか、よく覚えていない。「いらっしゃい」という女性の声にこたえ、喜びと不安の混ざった気持ちでバスに乗った。あわてていて、降車するバス停の名も聞かず、途中、運転手の近くに座り直し、どこで降りるのですか、あと何分かかりますか、次ですかと絶えず繰り返して質問をしているうちに、二十分ほどして、ここのはずですよと運転手がいう。

降りたところから五メートルも離れていない建物の前でうろうろしていると、建物の中から女性が出てきて、中に入れという。建物の中には数名の女性がいて、互いに挨拶を交わしたが、一名を除いて皆直ぐに立ち去ってしまった。当日は「アイスランド・クラブ」のディレクターたちの月例会の日で、会は私が訪れる数分前に終了していた。ある女性は帰り際に、今からリッチモンドの空港へ行って帰宅するのだといった。オスランドから来たという。バンクーバーから七五〇キロ北方にあり、スキーナ川に面している町で、小さな地図帳には載っていない。自分の住む地区に

帰って、クラブで決定した内容を報告し、同朋の絆を一層強めるのだろう。

一九〇八年に創設され、現在五〇〇名の会員をもつ「ブリティッシュ・コロンビア・アイスランド・クラブ」は会員の親睦はもとより、定期的にアイスランド語講座を開講したり、アイスランド関係の蔵書・アーカイブズの維持に努め、アイスランドの休日や伝統を祝っている。会員が先祖の祖国であるアイスランドを訪れたり、また本国の著名人を講演に招待するなど、北米で幅広い活動を行っているが、その諸行事については毎月発行されるニューズレターで詳細を知ることができる。

クラブの建物内にある先祖伝来の遺産を納めた図書室をはじめ、いくつかの部屋を案内していただいたとき、会議やイベントに利用されるメインルームに小さな青い表紙の本がたくさん積み重ねてあった。北米在住のアイスランド人移民の子孫が自分たちのアイデンティティを確認し合うための書物に違いない。「訳者あとがき」の冒頭に掲げたエルヴァ・スィムンズソン著の本書の原本である。

一八七四年はインゴウルヴル・アルナルソンに率いられたヴァイキングがノルウェーからアイスランドにはじめて植民して一〇〇〇年紀を迎える祝賀の年であった。北欧最果ての国アイスランドに永住してから一〇〇〇年を経た十九世紀半ば過ぎ、アイスランド人が今度は北米大陸に移住して、新開地を切り開いていく姿が本書には綴ってある。

読者の皆様に北米大陸のアイスランド人移民のこの物語がご理解いただけるなら、訳者のよろこびとするところである。 当日、私を「アイスランド・クラブ」に迎え入れ

てくれた七十歳ほどの女性の名前はリンダ・ビャルナソン（Linda Bjarnason）といい、ノース・ヴァンクーバーに住んでおられ、私の宿泊先のホテルは同道にあるからといって、ホテルまで車で送ってくださった。

赤毛のエイリークの末裔たち

2012年9月1日 第一刷

1000点世界文学大系

著　者　Elva Simundsson
訳　者　山元　正憲
編　集　横山　民司
発行所　プレスポート
　　　　〒362-0067 埼玉県上尾市中分1-23-4
　　　　Telefax 048-781-0075
　　　　http://www.nordicpress.jp
レイアウト　江口デザイン
印刷・製本　平河工業社

© Masanori Yamamoto 2012

※本シリーズに関するご希望・ご感想等をホームページにお寄せください。

ISBN 978-4-905392-09-5
　　　192-0397-01500-7
　　　　　　　　　　　　　　　Printed in Japan

1000点 世界文学大系既刊・近刊予告

アマリア	（北欧篇1）シルヴィ・ケッコネン著 坂井玲子訳　フィンランド　既刊
ギスリのサガ	（北欧篇2）アイスランド・サガ（著者不詳） 渡辺洋美訳　アイスランド　既刊
ヘイムスクリングラ ―北欧王朝史（一）―	（北欧篇3－1）スノッリ・ストゥルルソン著 谷口幸男訳　アイスランド　既刊
ヘイムスクリングラ ―北欧王朝史（二）―	（北欧篇3－2）スノッリ・ストゥルルソン著 谷口幸男訳　アイスランド　既刊
ヘイムスクリングラ ―北欧王朝史（三）―	（北欧篇3－3）スノッリ・ストゥルルソン著 谷口幸男訳　アイスランド　既刊
ヘイムスクリングラ ―北欧王朝史（四）―	（北欧篇3－4）スノッリ・ストゥルルソン著 谷口幸男訳　アイスランド　既刊
カレワラ　タリナ	（北欧篇4）マルッティ・ハーヴィオ著 坂井玲子訳　フィンランド　既刊
棕梠の葉とバラの花 ―独居老女悲話―	（北欧篇5）スティーグ・クラーソン著 横山民司訳　スウェーデン　既刊
ニルスの旅 ―スウェーデン初等地理読本―	（北欧篇6）セルマ・ラーゲレーヴ著 山崎陽子訳　スウェーデン　既刊
赤毛のエイリークの末裔たち ―米大陸のアイスランド人入植者―	（北欧篇7）エルヴァ・スィムンズソン著 山元正憲訳　カナダ　既刊